——民俗音楽・宝の山シリーズ——

岩手の民俗と民俗音楽

民俗音楽・宝の山シリーズ　監修者のことば

「民俗音楽・宝の山シリーズ」について

小島　美子

日本の全国には、それぞれの地域の民俗音楽、つまりわらべ歌や民謡、民俗芸能、民俗行事の音楽などを丹念に調べたり、丁寧に記録したりしている方々が少なからずおられる。そういう方々のお話を伺うと、とても具体的で豊かな知識をもち、生き生きと語られて驚かされることが多い。

ところがこの方々の中には、自分の集めたものは発表する程価値はないと思い込んでおられたり、発表してもいいが、その手段がわからないと何となくそのまま過しておられる方が少なくない。しかし実はこの方々が調査され集めてこられたものは、珠玉のように大切なものであり、それらは宝の山である。

というのは、一九五〇年代以降、民俗音楽は、きわめて烈しい勢いで変化し、多くが失なわれてきた。民謡の大部分は仕事の歌であるが、仕事の性質がまったく変わってきたので、古くからの歌は歌われなくなった。また農山漁村の社会構造が変わって民俗芸能などを支えてきた基盤が大きくゆらいでいるのである。何百年も、場合によっては千年以上も伝えてきた大切な文化である歌や芸能が、私達の眼の前で大きく失われてしまったのである。それはもう取り返しがつかない。それ故、その記録はひじょうに貴重であり、多くの人が共有すべき財産である。

そのためにこのシリーズを始めることにした。シリーズの名を「民俗音楽・宝の山シリーズ」としたのも、その故である。

はじめに

岩手の民俗音楽については武田忠一郎氏の『東北民謡集』などで多くの音楽が紹介され、教科書的存在であります。

また、岩手の民俗については森口多里氏の『民俗の四季』で広く県内の民俗についてまとめられております。これらを見てもわかるように岩手県内には多くの民俗文化があり、それは多様で多彩であります。この多様さをつくりあげた要因の一つは、〇〇金山という名の残る地域の芸能や音楽が持つ特色でありま す。もう一つは藩境付近の地区に残る盆踊りや祝い歌の特色であり、更には南部の殿様が持ち込んだ藩外からの神楽や獅子踊りの特色であります。

これらは、伝承されてきたものに変化を与えたり、持ち込まれた文化を地域化したりしながら、岩手らしさをつくりあげております。

この度は実際に見聞したものの中から、これは不思議だと思ったものを紹介しようと考えました。この内容は当初、学生への講義テキストとして作ったものの一部でありますが、現地調査に行ってもまだ見えない部分が多くあります。

しかし、今回小島美子先生のお計らいをいただき「宝の山シリーズ」にとりあげていただいたことにこころよりお礼申し上げます。

著者

平成二十七年初秋

目次

第一章　岩手の歌から

岩手の盆踊り歌

一　岩手の盆踊り概説

岩手県の盆踊りのうち、「ナニャトヤラ」は最も古くから踊られており、旧二戸《にのへ》郡、九戸《くのへ》郡と青森県三戸《さんのへ》、八戸地方で踊られている。かつて南部藩領内の大部分では「ナニャトヤラ」が踊られていたのではないかと思われるほど、花巻市や和賀《わが》郡内で「ナニャトヤラ」を知っている人がいる。「さんさ踊り」は、盛岡藩になってから奨励されて広まり、盛岡市、紫波《しわ》郡、岩手郡で盛んに踊られている。

一方、伝承されている盆踊りが無いのが旧仙台藩領内の胆沢《いさわ》・江刺《えさし》・西磐井《にしいわい》・東磐井を主とする地域である。沿岸部では、定かではないが、鹿《しし》踊り、剣舞《けんばい》、七つ踊り（御輿《みこし》の先払いの舞）などが供養踊りとして寺や墓前で踊られているが、前述の「さんさ踊り」や「ナニャトヤラ」のように広範囲のものではなく、一般庶民参加型のものでもない。盆踊り分布地図を作ってみると、北緯四〇度付近（分布図参照）で「ナニャトヤラ」は終り、「さんさ踊り」圏に入る。境界付近ではそれぞれ越境団体や地域もあるが、結局旧町村の行政区域ごとで分かれるようである。

特殊な例として北上市江《え》釣子《つりこ》地区の「全《ぜん》明《みょう》寺《じ》盆踊り」は、岩手県内でただ一つ「盆踊り」と名のつくものであるが、これは関東地方（千葉県あたり）から移入された飛び地の芸能文化である。以上述べたほかに、現在盆踊りとして踊られているものは、「甚句踊り」（じんこおどり）、「やんさか」、「よしゃれ」、などでいずれも岩手郡内である。

また、今は踊られていないが、昭和十七～八年頃に歌われた「新しく作曲されたような盆踊り歌」があるが、ここでは詳細には述べないことにしたい。

岩手の代表的な盆踊り、「さんさ踊り」と「ナニャトヤラ」を比べてみると次のようになる。

	さんさ踊り	ナニャトヤラ
由来説	三つ石説、高陣山説、坊主帰り説	方言説、俗歌説、梵語説、ヘブライ語説
歌詞の形式	七・七・七・五（近世型）	五・七・五（古代型）
踊りの形式	儀礼踊り的な組合せ（門づけ型）	二遍返し的、掛歌的、即興的
もとの形	そそぎ踊り（慶祝踊）	作業歌（男女の掛け歌）
踊りの動き	男踊り、勇壮、太鼓踊り	女踊り、手踊り、太鼓は後世

昭和 27 年 3 月 31 日現在

岩手県内盆踊り分布図

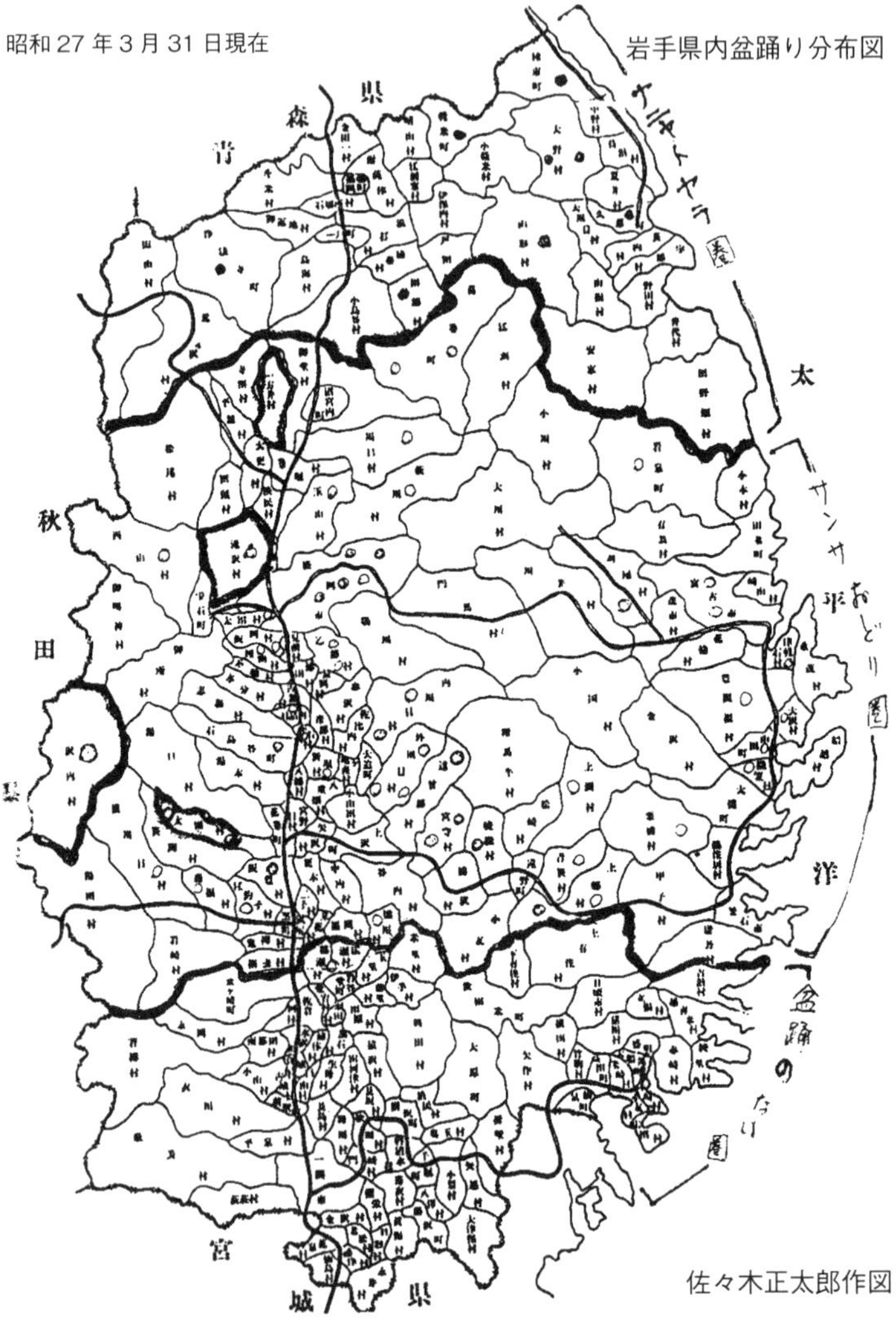

佐々木正太郎作図

二　ナニャトヤラ

「ナニャトヤラ」は旧南部領内で広く歌われ、今も各地で盆踊り歌として歌われている。青森県では野辺地《のへじ》町、天間林《てんまばやし》村、七戸町などの上北《かみきた》郡と、八戸市や三戸郡内各地で歌われている。岩手県内では二戸郡（二戸市を含む）や九戸郡（久慈《くじ》市を含む）で歌われている。

この歌は、歌だけ、踊りだけという別々に演じられることはない。踊りの手振りに特別な型はなく、むしろ自然の自由な手振りをそのまま踊りにしたようなものである。意味不明の歌詞が話題になる歌である。

近年「ナニャトヤラ　ナニャトナサレテ　ナニャトヤラ」と言う五・七・五の元歌に続けて「わたしゃ音頭とって踊らせるから　夜明けカラスのわたるまで」のような七・七・七・五の歌詞を歌い、民謡のステージ歌として歌う人もでてきた。

永井白湄《はくび》（本名・豊太郎、一八九五年生、詩人）は『民謡歴史散歩　北海道・東北篇』（池田弥三郎・宮尾しげを編、河出書房新社、昭和三十六年）の中で「五・七・五の短い詞型で室町時代以前の古さを思わせ、また「親父もらってけた　嬶《かか》欲しくない　ならば天間の美代子欲し」のような七・七・七・

七・五の標準詞型は江戸初期以降の近世調のものである。この「ナニャトヤラ」の発生年代は確かめられていないが、学者、研究者はいずれも現存の日本民謡中で最も古いものであろう、と言っている。

また、同じ『民謡歴史散歩　北海道・東北篇』の中で武田忠一郎は「盆踊りのうち、日本で一番古いといわれているのは旧南部領　北岩手の〝ナニャトヤラ〟で日本一テンポの早いのは〝サンサ踊り〟であろう」と言っている。

柳田国男は、大正九年八月、三陸の旅の途中で、九戸郡種市町《たねいちまち》小子内《おこない》を訪れ、浜辺近くの共同井戸の前の街道で行われていたこの盆踊りを見て、紀行文『豆手帖から』〈大正九年八月・東京朝日新聞に連載、のち『雪国の春』〈岡書店、昭和三年〉所収〉の中で次のように観察している。

「太鼓も笛もない。寂しい踊りだなと思って見た。〈中略〉この辺では踊るのは女ばかりで二十人とはいなかった、男は見物の役である。物腰から察すればもう嫁だろうと思う年頃の若者までが人の顔も見ず、笑いもせず、伏し目がちに静かに踊っていた踊り子が一様に白い手拭で顔を隠しているのが、やはり大きな興味であった」と。〈**筆者註**　太鼓も笛もない「ナニャトヤラ」は青森県階上町《はしかみ》の西光寺《さいこうじ》の境内で今でも踊られており、決して寂しい踊りではない。〉

二戸市で踊られていた「ナニャトヤラ」の音階は民謡音階で、ソ・ラ・ド・レの四つの音を使っていた。太鼓は片面打ち、歌詞は五・七・五が元歌であるが、七・七・七・七・五調になってからは次のような二遍返しのような尻取り歌が多くなってきた。

「盆の十六日正月から待ちた　待ちた十六日今夜ばかり」

「ソリャ今夜ばかり　十六日アノオ　今夜ばかり」

「揃った揃ったと踊り子が揃った　秋の出穂より　なお揃った」

「なお揃った　秋の出穂よりなお揃った」

（一）由来伝説

由来伝説には色々ある。①南部藩の方言説②山梨県の方言説③梵語説④俗歌説⑤ヘブライ語説⑥念仏踊り説などである。

①　金田一京助の南部藩の訛り方言説

昭和二十四年五月三日付け『岩手日報』紙上に「〃にゃにゃとやら〃は方言、ヘブライ語ではないと金田一博士らの断定」との見出しで次の記事が載っている。

「ことのおこりは、昭和二十四年四月十一日の事である。昭和天皇が学士院会員を皇居に招いて昼餐を共にした時、キリスト教史を研究しておられる、御同席の三笠宮から、この盆踊り歌の出所についてご質問があったので、博士は早速、八戸市出身の篤学者中里義美の研究をお伝えし、ナニャトヤラはヘブライ語ではなく、方言のくずれたものである旨お答えしたところ、これを聞かれた陛下もついつられてお笑いになったということである。」

金田一京助は一日自宅で次のように語った。

「中里の解釈によれば、ナニャドーヤラーヨー（何でもやりましょう）ナニャードナーレー（そうすれば何でもできる）ターディヤ・サーエー（わかりました）ナニャドラーエーヨー（何でも大いにやろう）となる。」

と云う記事である。

更には平成元年、九戸郡大野村文化財保存会発行の『おおののナニャドヤラ』には「土地に残る歌詞の中に《ナニガナサレテ　ナニャドヤラ　ナニャドナサレデ　ナニャドヤラ》というのがある。この歌詞からみると《何がなされているのか、何がどうなっているのか、さっぱり分からない。何がどうなされたか、何が何やら分からない世の中だ》とも受け取られる。地方にはヤマセ（冷たい東風）に由来する凶冷時の旧南部藩の圧政による百姓一揆が多く、時の権力者の政治に対するやり場のない百姓の不満と諦観が秘められていることになる」と述べて、方言による「嘆き節」的な解釈もできるとしている。

② 山梨県南部町《なんぶちょう》の方言説

源頼朝が平泉の藤原一族を討滅したとき、甲斐の国南部光行はその功があり九戸・閉伊《へい》・鹿角《かづの》・津軽・糠部《ぬかべ》の五郡を与えられて領主となり、文治五（一一八九）年、八戸付近に上陸した。その際に、地元の人々と話が通じず「何とやら、何が何とやら」という冷かし言葉説、また、反対に地元の人々が、甲斐の侍に「そうじゃにゃー、ああじゃにゃー」とこき使われ、抵抗する術もなく、もともとあった縄文メロディに「ナニャトヤラヨー」と言葉をつけて踊り、うっぷん晴らしをした（元花巻北高等学校教諭高橋捷夫談）との説は何となく現実味がある。筆者も高橋の鬱憤晴らし説に賛同する。

元高校長の照井壮助は著書『ナニャトヤラ考』（私家版）で次のように述べている。

これは無意味な囃し歌で、聞きなれぬ、語りなれぬ、相手の口癖をまねて、口調よくやってみたにすぎないと思う。日本にはこの例がたくさんある。「ワッシャの山へワッシャ来て、ワッシャの鉄砲でワッシャ打つとワッシャもたまげた」また、花巻あたりでは、秋田人をひやかす囃し歌があって「秋田でサ笹餅サ笹ごと食ったとサ」を「アギダデセエ　セセモズセエ　セセゴドクッタドセエ」と囃した。

「ナニャトヤラ」もこのたぐいの囃し歌ではないかと思う。

と。

③　長谷寺《はせでら》の梵語説

雑誌『新岩手人』昭和十二年八月号（新岩手人の会発行、新岩手社）で内村一三は「盆歌ナニャトヤラの因由」として次のように述べている。

長慶天皇の時代の朝廷は逆臣強く乱世のようであった。南部藩は忠君の臣多しとして天皇は青森県三戸《さんのへ》の長谷《はせ》に落ちのびる事となった。そして、「此の世は如何に広くとも長谷より外に住む都は無い」との歌を梵語で天皇が詠まれた。後世になって藤原某なる人が、次のように漢字を当てて書いた。

「奈《ナ》任《ニ》耶《ヤ》阿《ア》堵《ト》野《ヤ》羅《ラ》世《ヨ》、奈《ナ》任《ニ》耶《ヤ》阿《ア》堵《ト》長《ナ》谷《サ》嶺《レ》居《エ》野《ノ》宰《サ》叡《エ》、奈《ナ》任《ニ》耶《ヤ》阿《ア》堵《ト》野《ヤ》羅《ラ》世《ヨ》」

しかし、武田忠一郎は『東北の民謡』第一篇 岩手県の巻（日本放送出版協会、昭和十七年）の中で、梵語発音としては当を得ないものがある、と述べている。

更に、内村一三は「この盆歌の伝統には非常に深い訳がある。」とし、「この漢字の意味はよく解るし尊いお方の歌として価値あるものである」としながら、「名久井岳《なくいだけ》の長谷嶺には長慶天皇の弟博光親王の開山した長谷寺はあるが、長慶天皇の御陵墓は発見されていない。」と述べている（前掲『新岩手人』一五～一七頁）。

この伝説と関係があるのか次のような歌詞がある。古い詞型の五・七・五であるが、梵語ではない。日蓮信者の八戸城主南部弥六郎が、名久井岳山中にあったといわれる真言宗の長谷寺を襲って破棄した時に村民が怨んで歌ったといわれるものである。

地蔵泣くベア　寺の十文字目の　地蔵泣くベア
俺ア死んでも　泣く人居らぬ　寺の十文字目で　地蔵泣くジャー

また、八戸城主から遠野城主となった弥六郎に対して次のように遠野南部の殿様をののしっている。

「南部弥六郎　鬼だか蛇だか　長谷寺焼つぼくって　皆持ってった」

と。

筆者はこの伝説に納得しがたいことがある。それは、南部藩の本城であった三戸城の近くで、八戸城主が長谷寺を焼き払うことが出来るのだろうか、ということである。

④　柳田国男の俗歌説

大正十五年九月の『文芸春秋』に発表した「清光館哀史」の中で、柳田国男は、

これればかりの短い詩形に、そうむつかしい情緒が盛られようわけがない。要するに、何なりともせよかし、どうなりとなさるがよい、と男に向かって呼びかけた恋の歌である。

ただし、大昔も筑波山の嬥歌を見て、旅の文人などが想像したように、この日に限ってはじらいや批判のわずらわしい世間からのがれて快楽すべし、というだけの、あさはかな歓喜ばかりでもなかった。忘れても忘れきれない常の日のやるせない生活の痛苦、どんなに働いてもなお迫って来る災厄、いかに愛してもたちまち催す別離、こういう数限りない明日の朝の不安があればこそ、はア　どしょぞいな　と言ってみても、あア何でもせい　と歌ってみても、依然として踊りの歌の調べは悲しいのであった。

と書いている（雑誌『文芸春秋』文藝春秋社、大正十五年、九月号、九六頁）。

筆者は、単に恋歌とすると退廃的な意味に解釈されることを恐れる。文末にある、生活の苦痛と不安と諦観の歌と見れば納得するところもある。

⑤　川守田英二のヘブライ語説

二戸郡一戸町出身の神学博士川守田は、アメリカに渡りキリスト教の牧師となり、ヘブライ語を研究している。そして、この歌を「エホバ進軍の歌」とした。

ナウギアドヤラヨウ　ナギャドナーサレデヤサーエ　ナウギャドヤラヨウ
行く手に神　汝を護り給え　行く手に逆賊を掃蕩し　行く手に神　汝を護り給え

ナニアドヤーライ　　ナニアドナラレーノ　　ナニアドヤーライ
直前に突撃を加えよ　直前にアイヌを追去して　直前に突撃を加えよ

この説によると、この曲はヘブライ語の行進曲からきているものであるという。そして、この曲は、大和民族の先住アイヌ族を掃蕩する際に歌った一種の進軍歌であり、且つ大和民族建国の詩であるというのである。

私は川守田の著書を読んだことはないが、「なにゃどやら」と「なうぎあどやらよう」と同じ歌詞だというのは論理の飛躍があるように思う。金田一京助は昭和二十四年五月三日の新聞記事の中で、ディクショナリーは「字を引く書なり」の日本語だと言っても信用はできないのと同じと言い、照井壮助は、

「古池や蛙飛び込む水の音」の芭蕉の句がFull care Cowards to become mid night！（真夜中にやってくる野郎には充分注意しろ）とのアメリカのやくざ言葉だ、といっても信用しないだろう

と書いている（前掲『ナニャトヤラ考』四〇頁）。

⑥　念仏踊り説

青森県八戸市の篤学者中村英二は、著書『南部の盆踊歌なにゃどやら私考』（私家版、昭和六十一年）の中で次のように述べている。

この踊りは浄土仏教の念仏踊りの流れをくむものであると思う。ナニャトヤラは服装を着替えることもなく、伴奏音楽もなく全く自然な形で、唯一手拭で顔を覆っているのは、自分と他界を切り離した姿であり、踊る手のひらを常に下に向けているのは、欲望を棄てることで念仏踊りの共通のものである。これには無念無想の境地に達するまで踊り続ける念仏三昧の境地がある。

と。

⑦ 地元で育った筆者として

由来説を六種類紹介したが、歌の起源や歌詞の意味について自分ではスッキリしない。むしろ、次の解説が実態と思う。

『日本民謡集』（町田嘉章・浅野建二編、岩波文庫、昭和三十五年）では、「ナニャドヤラ」は一名「南部の猫歌」（**筆者註**　ニャーニャー言葉）とも呼ばれ、元歌は一種の呪文的な歌詞が主となっている。この歌の起源及び歌意に関しては諸説あるが未詳。この歌の元歌を反復するだけでは単調なところから、元歌の五・七・五に合わせて種々の替え歌をつくり（**筆者註**　虎蔵さま（トラジョサマ）　酒ッコ買ってけろ　虎蔵（トラジョサマ）さまのような五・七・五の替え歌）、更に曲節を敷延《ふえん》して七・七・七・五形の歌詞（**筆者註**　親父もらってけた　嬶欲しくない　ならば天間の　美代子欲し　のような）で歌うようになったと述べている。

筆者は久慈市で「ナニャトヤラ」を見たり参加して育ったのでいくつかの感想を持つ。

第一は発音である。「ナニャトヤラ」は内陸部の浄法寺地区では確かに「なイなイどイなアされでイやーなイなイどイやらよー」と聞こえるようにも思った。青森県の階上町でもこのように聞こえた。従って発音は地域によって違うのでどれが元歌かを決定するのは難しいと思う。歌詞の発音や意味など気にせず、私はただ古い歌だと言われて踊っていた。

第二には内陸部ではあまり聞かない曲があることで、ルーツが違うのでないかと思った。それは「二つ甚句」と「トンカヨ」である。久慈市のほかに洋野《ひろの》町や青森県の階上町でも聞いた。海にかかわる仕事の出稼ぎ人が持ち込んだもののように思う（『日本民謡大観　第九巻　九州篇（南部）・北海道篇』（昭和五十五年）には函館地域の田の草取唄として「ナニャドヤラ」一例が掲載されている）。

第三は五・七・五調の古いといわれる歌詞が久慈地域にもあったことである。

「鋳銭坂　七坂八坂　九の坂　十坂めに　鉋をかけて　平らめた」（久慈地方では「気仙坂《けせんざか》」と歌われている）

次に踊りのことを考えてみようと思う。

（二）踊りの発生

照井壮助は、

以上を総合して私は一つの推定を持つ。それは〝ナニャトヤラ〟踊りはまさしく古代の最古の民俗歌踊であった「歌垣」の伝統を引いた盆踊りであるという事である。

第一は踊りの型である。横列をなして向かい合って踊る。現在輪踊りの形になっているが、踊り回るものではなく、単に向かい合った横列の両端が自然に連絡された形であって、踊りも一進一退の形であるとすれば念仏踊りの形ではない。また、大衆で踊るものであって少数の特技者によって踊られる田植踊りや風流踊り（大黒舞など）ではない。

第二は掛け合いで歌われるのは「歌垣」にその例があるだけである。

第三は、太鼓のないのが本来の形であり、足踏み（摺り足）や手拍子を囃子とするのは田楽踊りの系統でなく、鉦も用いないのは念仏踊りの系統でもない。「歌垣」も他の楽器はなく平安朝に「踏歌」といわれたから「歌垣」の系統ではないか。

第四は、歌詞のつくられた年代は、その詞形（五・七・五）から考えて、少なくとも中世の中期までは遡ることができる。その時代は甲斐南部が糠部を治めた時代でもある。その頃の歌謡はまだ七・七・七・五形は見られず、八・五・八・五（七・五・七・五）の半今様型か短歌詞型（五・七・七・五）が多く、歌詞の意味も甲州言葉をからかったものとも考えられるから、鎌倉中期頃の作詞となる。

と述べている（前掲『ナニャトヤラ考』）。

筆者は『陸奥の土風』という絵巻物を見た（絵：小保内東泉、文：国香よう子、復刻版、昭和五十五年、描かれた年代は不詳だが明治維新後の生活が描かれている）。

画中には「ナニャトヤラ」を踊っている明治初期の様子も描かれている。円陣を組んでいるが、人々は同じ方向を向いていていない。手振りも一様ではないし、踊っている人たちは武士も、町人もいる。老幼を問わずまったくの庶民の踊りである。「歌垣」説も納得できるものであった。

（三）踊りの場と歌詞

昔は七日盆から二十日盆まで踊られたというが、現在は盆の三日間または一日だけ（十六日頃）が多くなった。

盆踊りが盛んだった昔は、踊りの場の情景や踊り人の感情を歌い、歌の掛け合いをしながら一晩中踊ったそうである。この歌は、宴会のお開きの踊りでもあったという場面に遭遇している。このことから、「ナニャトヤラ」は祭や宴席などでも盛んに歌われていたのではないかと思う。

歌詞は、近世になって都々逸的な即興性をもつがために、多くつくって歌われ、約五〇〇首が綴られている。

踊り踊るも今日限り　明日は山々　萩刈りに

盆の十六日ア浦島太郎　あけてくやしい　玉手箱

などに、つかの間の休日である盆に対する女性の本心を垣間見ることができる（国香よう子著『名残の冬』盛岡タイムス社、平成七年、一二六頁）。

盆以外では、神社の祭典、運動会、祝い事（上棟式、新築祝い、結婚式、厄年祝い）のフィナーレなどとして広く踊られるようになった。

踊る場所も昔は神社の境内、大家の庭、本家の家の前、辻、路上などであった。

(四) 踊りの音楽

音階は民謡音階である。元歌は音符で書くと三小節（十二拍）となる（譜A）。歌詞が七・七・七・五の近世小歌調になると、旋律も甚句調になり、七と七が問答のような、起承A（ａｂ）の形をとり、掛け声が入って、A′（ａｂ）となる。そして、この歌の特徴である追い歌という尻取歌のようになっている繰り返しに入って終わる（譜B）。

踊りが中休みや最終に近くなると、テンポを早めて、はずんだ感じの「とんかよ」のようなリズムで七・七・七・五の歌詞や五・七・五の元歌を歌う（譜C）。（譜例次頁）

三　さんさ踊り

（一）はじめに

「さんさ踊り」は盛岡市を中心とする岩手県の中央部に広く踊られてきた盆踊りである。その踊り様式はいわゆる南部手踊りといわれる独特な手振りをもつ踊りで、近世初期の城下盛岡の都市形成期にかたちづくられてきたと思われる。「さんさ踊り」の呼称は、天明年間、菅江真澄の『鄙廼一曲《ひなのひとふし》』にその名が見られ、この頃すでに踊りの芸能化が進んでいたことが知られる。

踊りの内容も初期の素朴な振りのものから、甚句踊りをはじめ念仏剣舞、神楽、田植踊り、囃子舞など地域の諸芸能の影響を受けた「くずし舞」などの多様な手踊りの様式を生じ、曲種も多い。

譜 A

ナニャトヤラ

元歌（久慈）　　民謡音階　　佐々木正太郎　採譜

譜 B

二つ甚句（久慈）　　佐々木正太郎　採譜

譜 C

とんかよ（種市）　　佐々木正太郎　採譜

歌詞はすべて七・七・七・五の近世歌謡調で、かつては歌を掛け合わせて踊った「歌垣」の形を伝えるものがあったという。

近年「盛岡夏祭り」の行事として「さんさ踊り」の大パレードが行われているがここで踊られている「さんさ踊り」はパレード向きに行進型に改作されたもので、以下に述べる伝統型とは趣を異にするものである。

（二）起源伝説

① 三ツ石伝説

「昔盛岡には悪鬼共が棲んでいて、このため農民たちが苦しめられていたが、三ツ石の神がこれらの悪鬼を降伏させ、再びこの地に来ないようにと、三ツ石に誓約の手形を押させ退散させた。喜んだ農民達は、三ツ石の神を囲んで踊り狂ったのがさんさ踊りの始まりである」といわれている。この伝説は「鬼の手形」（岩手）あるいは「不来方《こずかた》」（盛岡）の地名由来として古くからある（横川良助『内史略』第三巻、岩手県文化財愛護協会、昭和四十八年、六一頁）。

これを、悪神悪霊を鎮送する方法として踊り囃す民俗行事（虫送りなど）としてみれば、「さんさ踊り」もこのような信仰伝承を受け継いだものと思われる。

② 黒川の高陣山《たかじんやま》伝説

平安中期、八幡太郎義家が安倍貞任・宗任を征伐すべく、盛岡市（旧都南村）の高陣山に陣を張った。しかし、安倍氏の守りは固く、関東武士は攻めあぐみ、次第に戦意が萎えてきた。その際、関東武士が士気を鼓舞するために一晩中踊り明かしたという。

戦いが終わったあと、黒川の住民がこれを見ならい、五穀豊穰、家内安全の祈りを込めて踊り継いだ。これが、時代の移りと共に形を変え、整えられて現在の形にまとめられて「黒川さんさ」として伝えられているという（『都南《となん》の民俗芸能』都南村教育委員会、昭和五十八年、七七頁）。

往時は青年男子を踊り手としたほど、激しい動作の踊りであった（黒川さんさ踊保存会副会長松本敏邦談）。

③ 坊主帰り伝説

昔土地の人々の信仰が余りにも薄かったので、寺の坊さん達が「坊主帰り」というものを考えだして踊り歩いた。それが珍しくて善男善女がお寺に集まるようになったという。この踊りが「さんさ踊り」であったという説である（前掲『東北の民謡』第一篇 岩手県の巻、解説三八頁）。

④ 踊り念仏説

盆踊りの起源を、踊り念仏から始まったとする説では、平安時代初期の詠唱念仏にその起源を求め、空也上人や一遍聖人の踊る宗教となり、民衆を巻き込んで歓喜踊躍と亡魂供養の踊り念仏に発展した。

中世になると、踊り念仏は次第に娯楽性を加えた風流大念仏や盆踊りを派生することになった（佐々木正太郎著『盛岡さんさ踊り調査報告書』盛岡市教育委員会、平成三年、三二頁）。

私は大念仏剣舞など念仏踊り系の踊りが風流化・手踊り化の際立ったものが「さんさ踊り」ではないかと思う。

（三） 踊りの伝承

近世の新しい城下盛岡では、「ナニャトヤラ」の盆踊りは好みに合わず、これと異なった盆踊りが発生し盛んに踊られたと思われるが、延宝三（一六七五）年七月十二日に盛岡藩主重信公は家中の武士に対して、盆踊り、相撲、花火などをつつしむようにとの触れを出して綱紀の引き締めを図った。

その後、文化文政（一八〇四〜一八三〇）の頃南部藩主利敬《としたか》の時代に―この「さんさ踊り」を永久に保存せよ―と、現在の盛岡市三本柳集落に奨励の巻物を授けたという。この時、踊りの基本が改良され、更に多くの「くずし舞」を取り入れて娯楽性を高め、三十三の踊り（さんさ＝三三）に整えられたという（前掲『都南の民俗芸能』七三頁）。この巻物や、明治の頃の記録は、明治四十三年九月の北上川の洪水で流失した。

三本柳「さんさ踊り」の前代表藤沢藤十郎（談）によると、「古い踊りは、輪踊りで即興の歌を唱和し太鼓と笛に合わせて、調子もゆっくりと楽しく踊ったものだ。明治以降、この伝統を守り、他所の指導の時はそのまま教えず、一部を省略または改良して教えたため、各地区の踊りの形は少しずつ違うようになった」という。

現在のイベント用流し踊りは、昭和四十五年岩手県で行われた国民体育大会の集団演技のため、技術的にやさしく変えられたものである。

昔は踊り手が男性だけであったといわれるが、明治中頃からは女性も加わるようになり、現在では太鼓と一八《いっぱち》だけが男性で踊り手は女性が多くなっている。（**筆者註**　いっぱち・一八は踊り子の先導役である。一八の装束は花笠はつけず編み笠を被り、ヒョットコ面などの道化面を当て、大きなキセルと瓢簞《ひょうたん》、剝製のイタチを腰につける。太鼓打ちの「教え太鼓」で一八がひとりで踊って見せてから全員が踊る。時には滑稽な仕草で笑わせたりする。）

平成九年現在、岩手県内には七十四の保存伝承団体がある。盛岡市の二十、矢巾町《やはばちょう》十六、紫波町《しわちょう》四、その他雫石町《しずくいしちょう》、玉山村、岩手町、葛巻町《くずまきまち》、花巻市、大迫町《おおはざままち》（現花巻市）など、旧南部藩領内と旧仙台藩領内の地域にも若干ある。

（四）衣装と踊りの形式

「さんさ踊り」の太鼓の拍子、花笠、五色または七色の腰帯（吹き流し）等は念仏剣舞からの転化であろう。また、家回り（門付け）も同様で、道中太鼓を打って練り歩き、庭入り、退去の儀礼形式も念仏剣舞からの転化であろう。

「さんさ踊り」の盛んな盛岡市の繋、太田、見前、手代森の各地区や滝沢村の鵜飼《うかい》などには風流大念仏系の念仏剣舞があり、同じ盛岡市の根田茂、砂子沢、川目地区や旧川井村田代地区や盛岡市の下厨川平賀などの地区には阿修羅系の念仏剣舞が現在も伝承されている。

かつての踊り子は「腰ピリ（みじかともいう）」（筆者註　腰までの短い半纏のような羽織）に濃い紺色のもも引きを履き、黒い足袋に草履を履き、草履は赤い紐で結んだ。「腰ピリ」にはさまざまなしごきを締めて、これに色布をさげる。踊りは首を振り、腰を軽く浮かし、手振りも激しい。近ごろは浴衣にたすきがけで、白足袋にかわってきた。

踊りの曲種は、基本型、甚句型、くずし型、即興型、の四種に分けて考えることができる。

基本型の曲種は、「一拍子」、「二拍子」、「三拍子」、「五拍子」で、踊り始めに必ず踊る曲であると伝えられている（筆者註　盛岡市三本柳地区の「さんさ踊り」では、拍子は曲名であり、一番目の曲を一拍子、二番目の曲を二拍子という意味で使っている）。しかし、近年は、「一拍子」は余りにも簡単すぎるので省略して「二拍子」から始める組もある。基本型を「五拍子」とする地区と、「七拍子」とする地区もある。盛岡市の北山地区や庄ケ畑地区では、基本型を「さんさ踊り」と呼び、踊りの全体を「盆踊り」と称していた。

甚句型は、「一つ甚句」から「四つ甚句」までである。（筆者註　踊りの中で手を打つところが一回あるのが「一つ甚句」である）現在は「二つ甚句」（別名手合わせ）と「四つ甚句」が踊られている。（筆者註　盆踊り大会などで基本型に踊り飽きたら甚句型の「一つ甚句」や「四つ甚句」を踊り、または「剣舞くずし」などを踊る。）「甚句踊り」、「よしゃれ」、「茶屋ぶし」、「長者の山」、「やんさか」（松前）など、酒宴での祝歌や騒ぎ歌を取り入れたものも甚句型である。

くずし型は、神楽の鳥舞、念仏剣舞、鹿踊り、座敷田植踊り、太神楽の囃し舞など、郷土芸能の振りを一部取り入れたもので地区によってさまざまである。

即興型は、石っこ投げ、つるべ落し、雀追い、落ち穂拾い、など、日常の労働や生活のしぐさをまねて振り付けたものであり、文化文政期の所産で、町の各所で競演する風潮から、新たな曲種が工夫されていたものと思われる。一種の娯楽性を強調した踊りでもある。

盛岡市三本柳地区の踊りの曲種は、昔三十三種あったといわれたが、今は二十七種類である。

①一拍子 ②二拍子 ③三拍子 ④四拍子 ⑤五拍子 ⑥六拍子 ⑦七拍子 ⑧田植踊りくずし（一） ⑨田植踊りくずし（二） ⑩神楽くずし（一） ⑪神楽くずし（二） ⑫しし踊りくずし（一） ⑬しし踊りくずし（二） ⑭しし踊りくずし（三） ⑮しし踊りくずし（四） ⑯剣舞くずし（一） ⑰剣舞くずし（二） ⑱剣舞くずし（三） ⑲剣舞くずし（四） ⑳剣舞くずし（五） ㉑剣舞くずし（六） ㉒踊り返し ㉓甚句踊りくずし ㉔引き端《は》 ㉕礼踊り ㉖歩み太鼓 ㉗歩み太鼓の礼踊り

このほかに、盛岡市三本柳地区の「折敷舞《おりしき》」、同じく盛岡市北山地区の「差取舞《さしとり》」のような、一人～二人の舞もお座敷舞として踊られている。

（五） 門付けの区域

盛岡市黒川地区の松本敏邦は「さんさ踊り」の門付けについて次のように言っている。

盆踊りではあるが、門付けはかならずしも御霊供養だけではなかった。黒川地区ゆかりの人が住んでいる盛岡市安庭地区の家々をまわってふるさとの踊りを見てもらったものだ。庭で踊るだけでなく、時には座敷にあがって御馳走をいただいたこともある。農村部の踊り手達にとっては、町に出ていって御馳走になり御祝儀をいただく楽しみでもあった。門付けの区域には縄張りがあり、それを守らないと、他団体とけんかになることもあった。そのテリトリーはおよそ次の通りであった。

盛岡市庄ケ畑地区のさんさ団体は盛岡市内の八日町——油町——肴町——鉈屋《なたや》町地区
盛岡市山岸地区のさんさ団体は盛岡市内の本町——紺屋町——菜園——駅前地区
盛岡市三本柳地区のさんさ団体は盛岡市内の川原町——清水町——馬場町——馬町地区
盛岡市黒川地区のさんさ団体は盛岡市内の東安庭——中野——茶畑——神子田地区

（六）歌詞と民俗

「さんさ踊り」の名の初見は、前述のように江戸時代の民俗学者菅江真澄の『鄙廼一曲』に認められる。「南部沢内《さわうち》のさんさ踊」の標題で次の歌二首を収めている。

一六四　みょうが畑に生姜を植えてサンサ　みょうが·しょうがの　訳ゃ知らぬサンサ
一六五　さんさ踊らば品良く踊れサンサ　秋が来たらば　嫁にとろサンサ

「さんさ踊り」の名は、すでに真澄の紀行した天明五（一七八五）年以前からあったことがわかる

（菅江真澄著、内田武志・宮本常一編訳『菅江真澄遊覧記四』平凡社、昭和五十一年、二五九頁）。

「さんさ踊り」の歌詞は盛岡市内には一三七首の記録がある。このうち、「いとまごいの歌――サアサそそぎだせ梅づけの紫蘇の葉　中の小種まで　サアサそそぎ出せ」のように、歌う場面がきまっているのは殆どなく、即興的にどんどん歌われるようになって、その順序性は不明瞭である。盆踊りの歌詞の記録は、単に古いものを書き留めておこうという懐古趣味ではない。それを伝えてきた人たちの生活の中で、歌とは何か、歌うとはどういうことであったかを考えてみるためである。

盆踊りには組織的な秩序が明確にあるわけではないが、踊りが始まる頃の歌、踊りの盛り上がっている頃の歌、踊りの終りに近い頃の歌、のようなものがある。それは、踊っている人々の、暗黙の納得に根ざした型のようでもある。次に盛岡市内の歌詞から歌う人の気持ちを考えてみよう。

① いざない

「踊り来る来るお庭が狭い　お庭広げろ太鼓打ち」――（採集団体）清流会、門《かど》、大宮

（景気よく、庭いっぱいに、太鼓を景気よく打て、そうすれば人が集まるぞ、との願いが歌われています）

「揃た揃たよ踊り子が揃た　秋の出穂よりなお揃た」――（採集団体）東中野、清流会、門、大宮

（やがて揃いますよ、こんなに揃ったのを見てくれ、疲れてもしっかり踊れ、との願いが歌われています）

② 門付け踊りの暇乞い

「サアサそそぎだせ梅づけの紫蘇の葉　中の小実《こざね》までサアサ染めてやる」――（採集団体）桜城

（次の会場に　繰り出すぞとの願いが歌われています）

③ 礼踊り

「笠を手に持ち暇を願う　重ね重ねの暇乞い」――（採集団体）清流会、山岸

（ありがとうございましたとの意味をこめて手ぬぐいを振りながら歌います）

④ 激励

「踊り見に来たか立ち見に来たか　ここは立ち見の場所じゃない」――（採集団体）大宮

（踊って供養するものだ、懸賞盆踊りでは見物人も必要だとは分かっているが思い切って踊れ、との願いが歌われています）

⑤　盆の楽しみ

「盆の十六日二度あるならば　親の墓所を二度拝む」――（採集団体）清流会

（説教に対する返答　でも墓参りよりは踊るほうが楽しいとの意味がこめられて歌われています）

「盆の十三日法会《ほうかい》する晩だ　小豆、こわめし、豆もやし」

（御馳走を親戚の墓にまであげて　一緒にたべようとの願いが歌われています）

「盆の十六日正月から待ちだ　待ちだ十六日今夜ばかり」――（採集団体）清流会、東中野

（小正月行事から今日まで　豊作を願って　盆を楽しみにしてきた　明日からまた働くぞという気持ちがうたわれています）

⑥　月の夜

「月の夜でさえ送られました　一人帰られようかこの闇に」――（採集団体）門

（旧暦では十六日は満月　八月の月遅れ盆は新暦で　闇夜にもなる、一緒に帰りたいとの願いが歌われています）

「盆の十六日闇夜でけねか　嫁も姑も出て踊る」――（採集団体）江釣子

（闇夜でも楽しいこともあるとの意味をこめて歌われています）

⑦　盆が来たのに

「盆が来たのに踊らぬ人は　木仏金仏石仏」――（採集団体）岩泉

（集落という共同体では　共感し行動するのが秩序であるよと呼びかけています）

⑧　踊りの楽しさ

「踊り踊る奴　馬鹿になって踊れ　着物切らしの腹へらし」――（採集団体）大宮

「さんさ踊りの始まる時は　へらも杓子も手につかぬ」――（採集団体）東中野

（踊ることは本当に楽しいものですと納得して歌っています）

⑨　先人の教え

「おらも若いときゃこっちゃこいと言われた　今じゃ秋の水　よけられる」――（採集団体）清流会

（民謡に限らず「若い時」を歌う歌は、古代歌謡以来の系譜として続いています。それは「うたうこと」の一つのテーマであった事を示しています。人間誰にとっても若い時代は生き生きとした時代です。それが後半の人生を支える力になっています。

今、若い頃の事を思い返して「生きている今」を実感したところから、この発想が生まれてきます。

これは嘆老歌ではない。だから敬老会の歌でもない。若い人のために歌うのです。そこには継承の原理が働いています。若者に対する教えは、日常生活の中でたくさんありましたが、ことに行事の日のくつろぎの席での昔語りで多くありました。それは「またか」「今は通用しない」などという者のいない席でした)

⑩ 歌詞の転用

「ほれちゃならない他国の人に　末はからすの泣き別れ」――(採集団体) 盛岡市庄ケ畑

(掛け合いの返答)

「末にゃからすの泣き別れでも　添って苦労はしてみたい」――(採集団体) 庄ケ畑

(歌の言葉がなくなったら、他の文句を借用します。そのやりかたには、問答型と添加型があります。問答型は、掛け合い問答ですが、二人で掛け合いをするよりも、ひとりで問答形式の面白さをだそうとすることが多いのです。

昔の集落の生活では、渡り商人とは深入りすることはなかった。にもかかわらずこのような歌が歌われたのは、全国の港々にあった「一夜泊り」の客との別れを歌った廓情緒の座敷歌の歌詞が転用されたものでしょう。)

「高い山から谷底見れば　瓜やなすびの花盛り」

「高い山からお寺を見れば　お寺さびしや小僧ひとり」

（広場全体がこんなに賑やかなのに　お寺は静か　集団で笑って。盆が終わると花盛りの歌を転用しています）

⑪　方言さんさ
（一）雨の降る時ナア蘆谷地通ったれば　ビッキだア手振りして堰《せき》はねた
　サンサヤ
（二）さんさ踊るべとナア掻餅鍋かまけた　へらでさらねで手でさらった
　サンサヤ
（三）大坊の坊様だちナア馬より頑丈だ　新平の源四郎どんの苗代掻いた
　サンサヤ（坊さんが苗代田に落ちたのが笑われています）

踊り歌や仕事歌の歌詞は、岩手県内の各種の歌（仕事歌、盆踊り歌など）に、さらには遠い地域との間で全く同じ歌詞が歌われることが多い。

それは、民謡は個人の歌ではなく集落の人々が思いを一つにしようと願う歌であったからである。個人的な特殊な感情では民謡の歌詞にはならない。踊りの振りや装束に地域の特色が出ても、歌詞には共通性が多い。

だからといって、民謡の言葉は没個性的で、感情は陳腐であるというのは当たらない。地域（集落）の人々には、言葉に寄せる共通の思いがあった。そして、踊る、歌う、場では連帯感となり、自由な感情で歌われる。

言葉の表現は過剰気味であっても、それは、あくまでも「生活の枠内」で歌われていた。これは盆踊りに限らず、多くの仕事歌も、人々にとっては「話す生活」と同じように「歌う生活」は感情表現の手段として、生活に密接に結びついて存在していた。

これが、歌のもつ民俗である。

（七）音楽

盛岡市太田地区の「伝統さんさ踊り」の、基本となる太鼓のリズムは次のようである。（畠山孝一の実技　ＮＨＫテレビより）

①　基本形

三本柳の「さんさ踊り」では初級クラスの太鼓と踊りを「一拍子」といい、短い曲である。「二

古いさんさ踊り（太田）

佐々木正太郎　採譜

一拍子と七拍子の長さの比較

佐々木正太郎採譜

七拍子 ♩.=110
佐々木正太郎 採譜
太鼓
笛
太鼓譜の◇はバチとバチを交叉して打ならすことを示す)

拍子」、「三拍子」と次第に曲の長さも増えて、「七拍子」では二十三小節となり、約三倍近くの長さになる。

各地域ごとに「一拍子」は初級用という呼び方は共通しているが、基本形を「七拍子」までとするか、「五拍子」までとするかは地域でさまざまである。これは、教える人が「五拍子」までしか教えなかったことによるものらしい。基本形を「本調子」と言う地域もある。

② くずし舞

三本柳地区では「くずし舞」でも、前段部分四小節は共通リズムで、次に「〇〇くずし」の太鼓が入り、その後のリズムも七小節～九小節の共通リズムがある。

「前段共通リズム」――「神楽くずし」――「後半共通リズム」のように。

「くずし舞」の太鼓が長い場合には後半の共通リズムを短い七小節にし、逆に「くずし舞」のリズムが短い場合には、後半の共通リズムを九小節にしている。後半の共通リズムを七小節にするということは最初の二小節を省いて三小節目から入ることになる。（譜例次頁）

③ 教え太鼓

三本柳「さんさ踊り」には「教え太鼓」がある。これは、次の踊りを踊り手に承知させるため

くずし踊り共通部分

に「いっぱち 一八」が踊るもので、どの踊りでも「本調子」の前に必ずこれをやる。普通は一八が踊り手の輪を縫って一回りするまでやるが、場合によってはそうでなく、輪の中でみんなに見えるように踊ることもある。

「教え太鼓」はゆっくりした踊りで太鼓も弱く、笛はオクターブ低い音程で吹く。太鼓のテンポが遅いので、笛は存分に小節（コブシ）を入れて「きかせどころ」にもなっている。

④ 同じ演目でも地区によってリズムが違う

同じ演目「しし踊り崩し」でも、三本柳地区と黒川地区ではリズムが違う。笛も太

剣舞くずし（一）

（後半は、前頁譜例「くずし踊り共通部分」のＡに続く）

鼓も全く別である。ただし、小節数が同じであることは興味深い。

歌の旋律も地区ごとに微妙な差がある。しかし、歌の旋律は地区ごとに一つしかなく、「しし踊りくずし」でも「神楽くずし踊り」でも同じ旋律の歌が入る。

しし踊りくずし　三本柳と黒川との比較

私と合唱仲間であった昭和五年生まれの女性は、盛岡市見前地区では「伝統さんさ踊り」の名手といわれた人で、「さんさ踊り」の様子を次のように話してくれた。

「かつては踊り子たちが歌を問答のように掛け合いのように歌いながら踊ったし、家回りといって庭の広い家で踊る風習もあった。また、近隣の商店街では町流しなども行って、各地域の特徴を出すための工夫をした。昭和の初め頃から「さんさ踊り」団体をつくって「組」と言っていた。庶民的な踊りではあるが組織的な指導ができるようになっている新しさを求めて発展している盆踊である」とのことである。

岩手県内には「さんさ踊り」の継承団体が七十四団体ある（平成九年度岩手県教育委員会調査資料による）。一団体の構成は、太夫・太鼓・笛・歌かけ・いっぱち（一八、道化姿をした踊りの進行役）・踊り手　で構成されているが、踊り手の数によって太鼓や笛等の構成人数が若干変動する。

三拍子の教え太鼓

（太鼓譜の符尾上向きは右手、下向きは左手を示す。　は皮打ち　は枠打ちを示す）

♩=70～75

佐々木正太郎　採譜

三拍子

（太鼓譜の符尾上向きは右手を下向きは左手を示す。　は皮打ちを、　は枠打ちを示す）

♩=115～120

佐々木正太郎　採譜

しし踊りくずし（三本柳）

（太鼓譜の◇はバチ交叉打ち、♪は皮打ち×は枠打ちを示す）

佐々木正太郎　採譜

鹿踊り崩し（黒川）

（太鼓譜の♪は皮打ち、✕は枠打ちを示す）

佐々木正太郎　採譜

岩手の「御祝《ごいわい》」

一　御祝とは

御祝とは祝い歌・祝儀歌のことである。歌い出しが「ごいわいは〜」などとなることから「ごいわい」と言われる。御祝は県内各地域にあり、いろいろな歌詞といろいろな旋律で歌われている。

御祝は曲名ではなく、曲の分類上の名称である。

二　日本各地の祝い歌

日本の各地に祝い歌はあるが、呼び名が違う。たとえば、

東北地方では「御祝」。　北陸地方では「松坂」「酒田」。

関東地方では「初瀬」。　中部地方では「まだら」。

四国・九州地方では「よいやな節」。　沖縄地方では「かぎやで風節」。

という。

岩手県内の祝い歌は「御祝」のほかに、「松坂」・「新穀」・「めでた」・「酒田」といわれる曲もある。

三　岩手県内における御祝の地域的特徴

岩手県は北部地域が旧八戸南部藩と接し、県南地域は旧仙台藩と接し、県の西部地域は秋田県

（旧佐竹藩）と接しており、民俗音楽の形態に違いがある。
旧仙台藩地域は謡曲文化圏と言ってもよいほど、祝いの席や通常の宴席でも祝謡として「四海波」や「さんさしぐれ」などが謡われて、盛岡藩のような「御祝」と言う歌は無い。盛岡藩と仙台藩の境界が接する地域では、両方の文化が融合されたかたちで存在する。

その代表が「氷口《すがぐち》の御祝《ごいわい》」である。この御祝については、既に研究者がＣＤや解説書を刊行している。ひとことふれておくと、仙台藩の祝謡「高砂」を男性グループが謡い、女性のグループがひとふし遅れて盛岡藩の祝い歌「まがき節」を同時に歌い合わせる曲である。曲目は「高砂」「四海波」「春栄」「松竹」「桑の弓」「みやこ節」などである。

岩手県内では、俗に「ゴイワイ五十、サツマ三十」といわれるほど、県内各地で御祝が歌われているが、地域的に次のような特徴がみられる。

（一）海の御祝

東海岸の沿岸部の御祝は漁師の作業歌系統に属する。

「ヨーイドコリヤ」というリズミカルな掛け声に乗って掛け合いの形式をもって歌われる。正月に船主の家の祝いの席で歌われたり、大漁のときは漁船の入港に合わせて大漁旗を掲げて誇らしげに歌われたりする。

（二）陸の御祝

県内中央内陸部の地域で歌われる御祝は、歌い出しに「センヤー」とか「イーヤー」という掛け声で歌い始まる。これは神楽歌や神歌（神前舞などの歌）と同じであり、神楽歌の系統に属する。

（三）県南部の御祝

旧仙台藩では「謡い」といわれ、「四海波」や「さんさしぐれ」・「高砂」などが謡われる。この地域では参会者全員が唱和できるほど普及しており、「謡曲文化圏」の御祝と言ってもよい。

（四）県西部の御祝

岩手郡雫石地区、花巻市西部地区、西和賀《わが》地区での御祝の中には、歌の始めに「チョチョン」と手拍子が入り、途中で裏声の「ホーイ」という掛け声が入ったりする。

また、祝いの席の中段・後段などでは、しばしば踊りがつくこともある。この地域で歌われる「南部酒田」や「南部荷方節《にがた》」なども祝い歌で、新潟祝い歌系統に属する。

このように地域的特徴はあるが、民謡はしばしば移動することから、沿岸地域でも内陸系の御祝が歌われたり、内陸部においても西部地域の御祝が歌われている例もある（実際に耳にした地区は次のとおりであった）。

沿岸型　高田　大船渡　大槌　山田　宮古　野田
内陸型　花巻　遠野　紫波　岩手　玉山　東和《とうわ》　盛岡　石鳥谷《いしどりや》　山田
西部型　花巻　雫石　北上　西和賀
県南型　遠野　水沢　千厩《せんまや》　江刺　胆沢《いさわ》

四　歌われる場面

（一）正月祝い　（二）作業始め　作業納め　（三）収穫祝い
（四）婚礼祝い　（五）歳祝い　（六）新築祝い

御祝は宴会の最初に歌い、その後で宴がはじまる。

また、御祝以外の祝い歌を、職業として歌い歩く芸人は、大黒舞・万歳・春駒・恵比寿舞などを家の門口などで踊ることもある。

五　歌詞

「御祝は繁けれど　お坪の松も　そよめく」が最も多いが、このほか、銭吹き歌の「銭蔵は　数知らず　黄金の蔵は九つ」や座敷祝い歌の「めでためでたい　この家のご亭主　一の座敷で嫁をとり　次の座敷で孫を儲け」などの歌詞を転用したり、「〇〇甚句」のように地域にゆかりのある歌詞を作って歌うこともある。「雫石は　名勝どこ　野菊の花は　二度開く」（雫石の伝説）など。

歌詞	歌われている地域	備考
ヤーハエ御祝いはナーハエ繁ければお坪の松もそよめく	滝沢	
御祝いに松を植えて　鶴と亀は舞い遊ぶ	滝沢	
めでたいワ　庭のとおり　黄金のこめ（よね）ふる	滝沢	

御祝いに呼ばれて　まずひとつ　御祝い申します	滝沢	
御祝いに花が咲き　白銀黄金の　実がなる	滝沢	
御祝いは重なりて　七日七夜の　御酒盛り	滝沢	
竹松は　熊野参りて　おみかさかけて　銭を撒く	滝沢	
御立ち（御立酒）には惚れねどもお酌に惚れて今立つ	滝沢	
ゆるゆると御控えれ十三（とさ）から船の着くまで	滝沢　雫石	
御祝いに招ばれて　鶴のお酌で亀は飲む	雫石	
御祝いの御肴に黄金の花が九つ	雫石	
おか棚に　銚子九つ　かめ七つ何時も絶えない丸き銭	雫石	
今の舞を　お肴に　もう一つ　きこしめせ	雫石	
立ち返り　立ち戻り　七重の銚子で　七重ね	雫石	
めでたいでア　庭の鳥　黄金の嘴で　米を拾う	雫石	
御身代の　上る時は　お厩の馬も　仔を持つ	雫石	
後の畠に粟播いて　丈は七尺　穂は五尺束ね三把に七斗五升	雫石	
上り船に花が咲く　下り船に実がなる	雫石　花巻	

松前は　離れ島　諸国の船は　皆着く	雫石	
田名部しまから嫁娶れば糸を七くびり　おむと聞いた	雫石	
御座を照らすは　桃の花　山を照らすにゃ岩つつじ　つつじは酒コ呑んだか　色がよい	雫石	
さてもめずらし　この家の御爺さん　八十三まで黄金の枕　孫ひこの代まで　ゆずり金	雫石	
これの盛りは七つもり　何の盛り　いちに盛りは黄金盛り次の盛りは銭の盛り後の三つの盛りはおよね盛り	雫石	
御祝いに呼ばれて　わしにも　ひとつ　祝います	都南	
この家　家柄は　めでたい家柄　四つの隅から黄金わく　大工柄だか　木柄だか大工のせいでもない　木がらのせいでもない　うちの旦那さんの　福の神	都南	神歌
祝儀座敷を窓から見れば　酒と肴は　七重ね	玉山	
おゆるゆるとお控いなされ　大沢川原に船がつくまで	宮野目	
田のや浜の　田がらすは　黄金を積んで　よずめく	小山田	
御神蔵の　おかの神　黄金の升で　よね（米）はかる	小山田	

六　旋律

御祝の歌詞は何と歌っているのか分かりにくい。それほどメリスマ（ことばの引き伸ばし）が多い。

ヤー　ハーエー　ウー　ハーエー　ごーゆーわー　ハーアー　いーにー　ナア

ーハエー　ハリャー　よーオー　ホーばー　ハーエーハーウアれー　セーへー

でー　ナーハエー　ヤーハレアー　まーンハアー　ずウーサーエー　ひーとー

つーおー　ホーエーオーオー　ゆーうーわーいー　ナアーエー　ヤーハーレア

エー　もー　ホーホー　しーウーエーハーアエー　まハー　すー

（ヤーハエ　御祝いに呼ばれて　まずひとつ　御祝い申します）

御祝は旋律型として固有のものはなく、各地域によってふしも、早さも微妙に違った形で歌われている。それゆえに、ふしまわしを正確に受け継ぐことは大変なようである。

七　遠野市氷口《すがぐち》の御祝

遠野市小友町の国道一〇七号線東側の小友地区センター付近から、小友川沿いに西北に約四キロほど入ったところに氷口地区がある。氷口峠を越えると旧宮守村に入る、西南は五輪峠を経て旧江《え》刺《さし》市に入る。旧仙台藩と旧南部藩の境界付近に位置する戸数十四戸の集落である。

この地区に伝わる「氷口御祝」（すがぐちのごいわい）は、平成十七年十一月に遠野市の無形民俗文化財に指定されたことでもわかるように、貴重な風習として伝えられている祝い歌である。

その特徴は第一に、男性グループと女性グループに分かれて、それぞれ違う祝い歌を、合唱のように同時に歌う演奏形態をもっていること（女性グループがひとふし遅れて歌いだすことが多い）。第二には、男性グループは旧仙台藩の祝い歌である謡曲を歌い、女性グループは旧南部藩の祝い歌「萬《ま》鶴《が》亀《き》節《ぶし》」を歌い、男女とも同時に歌い終わる曲になっていることである。

男性側の曲は、婚礼の場合には「高砂」「四海波」「春栄」の三曲が歌われる。歳祝いのときは「春栄」は「松竹」に、上棟式では「桑の弓」に替わるなど、三番は祝い事によって替える。

女性側は男性側のすべての謡に対し「萬鶴亀節」や「しょんがえな節」などで唱和する。三番まで終わると続いて男女一緒に手拍子で「みやこ節」を歌う。

吉川英史著『日本音楽の歴史』（創元社、昭和四十年）によれば、「まがきぶし」は江戸時代の初期に大坂の遊里で流行歌として歌われたとあるが、それは「籬節」（まがきぶし）であり、「萬鶴亀節」とは違うものと思われる。

なぜ別々の曲を同時に歌ってもとけあうのか、それは、日本音階が五音々階でできているから（西洋音階は七音々階）であるが、音楽のやや専門的な、音組織論のことなので、ここではくわしくはふれないことにする。

この氷口の御祝以外にも、藩境地域の不思議な民謡として「沢内甚句」がある。「沢内三千石お米の出どこ　枡ではからねで　コリャ箕ではかる」までは南部藩の歌で、「大志田　歯朶《しだ》の中」からは「秋田人形甚句」のふしである。

南部と秋田の歌が結びついて、曲の長さが普通の甚句の二倍になっている。

氷口御祝と似た形式の歌は遠野市鱒沢地区や旧東和町田瀬地区や旧江刺地区にもあったと言われているが、昭和二十年代で途絶えたらしい。

御祝は、披露する機会が少なくなると忘れられてしまう。歌い続けることが地域の遺産を守ることになる。

岩手の子守歌

筆者が子守歌を収集した中で実際に子守り奉公を経験した人は二人しかいなかった。
そのうちの一人が九十八歳でなくなられた。九十六歳の時の話は次のような内容であった。

その一

私が子どもだった頃は、七つか八つで子守りに出されたものです。子どもが子守り奉公にでるのは当たり前の時代だったから町のあちこちに子どもを背負った子守り娘がいた。私が行った酒屋さんには私より年上の子守り娘がおり、あねさんと呼んでいた。子守歌も教えてくれた。私は母から子守歌を歌ってもらったことはないし自分が母になっても歌ってやったことはない。私は十一歳で奉公に出て、六年間奉公して十七歳で家に戻ったが、子守りをした子どもに情がうつって実家に連れて帰りたいと思った。

その二（九十二歳の祖母）

五歳の時母が家出をしたので大人たちの話し合いで子守りっ子として預けられた。子守り先のおばあさんに背負われて自分の家を離れた。

子守りとしての仕事はエジコ（嬰児籠）の底に木の棒を入れて揺する事だった。時々おしめを取り替えたり、ミルクをつくって飲ませた。赤ん坊が大きくなってからは背負って子守りをし、四人の赤ん坊を子守りした。子守りに疲れたとき、おばあさんが色々な歌を教えてくれた。その家に一歳年上の娘がいたが、着る物から履物までぜんぜん違うものだった。一番辛いのは、子守りは学校に行けないことで、小学一年生の時先生が心配して家に来たがだめだった。先生から裁縫道具をもらったが、家の人に、裁縫よりしっかり子守りをせと言われ道具を取り上げられた。地域の白山神社のお祭りの日に三十銭の小遣いを貰ったが、それ以外は正月にも盆にもお金は貰わなかった。十九歳の時に今の家に嫁に出してもらった。

岩手の子守歌には子どもを眠らせるための歌だけでなく、子どもを健やかに育てようとする願いを呼びかける歌もあるように思う。

一方、子守歌の歌詞には子どもの眠りとは関係なく、子守りをする人自身の労働の苦労を述懐することによって自らを慰めようとする歌もある。

岩手県内で採集した子守歌は大きく次の四つに分けることができる。

一　誘いの子守歌（あずきまんまサ鮭のヨ……）

岩手の子守歌では、江戸の子守歌のような「里のみやげ」への期待をもたせるのでなく、食べ物に対する夢や憧れをもたせる内容の歌がある。

ネンネロヤーエー　コーロコーロ
ねんねこして　おひなったら（お日成る……めざめるの意）
あずきまんまサ　ごっこかてて（赤飯に魚のおかずをつけて）
もしも　それが　おいやなら
白いまんま（米のごはん）サ鮭のよ（鮭の肴）
もしも　それが　おいやなら
あんころ餅に　醬油だんご
もしも　それが　おいやなら
たんきり飴に　ごまひねり
もしも　それが　おいやなら

いもっこに　ほどっこに　さといもっこ（じゃがいもか山芋か里芋か）

次々に食材の質を落としていく。

昭和の初期に農村の九人家族では、一日に稗七合・麦五合・どんぐり一升が必要だと言われた頃は米のご飯に鮭料理は夢の食事であった。

二　怖がらせの子守歌（やっとこ　やまだの白犬コ……）

この子守歌では、おっかないもの（怖いもの）やってくるぞ、早く眠れと言って脅しながら眠らせる歌である。

やっとこ　やまだの　白犬コ　一匹吠えれば　皆吠える

ねんねこねろねろ　ねんねこせ　おらほの　めんこさんだ　ねんねこせ

岩手県遠野地方ではオオカミのことをオオイヌとも呼んだ。白犬は白オオカミのことである。月夜の晩に一匹の狼が遠吠えすると周囲の山々のオオカミが遠吠えしながら集まってきて集団で狩りをしに出かけると言われている。

泣きやまない子どもにとっては、秋田のなまはげの効果と共通するものがある。白犬のほかに、白狐や夜鷹、なども登場する。

三　笑わせの子守歌（ねんねん猫のけっつ……）

この子守歌は、歌うほうが自然にふきだすようなおかしみをもっているものや、少々皮肉をこめて歌われるものなどがある。

ねんねん　猫のけっつ　蟹にはさまれた
かあちゃん　とってけろ　おら　知らね
ねんねん　猫のけっつさ　豆が舞い込んだ
おがさん　とってけろ　飛んでしまった
ねんねん　ねろねろ　ねんねろや
ねろても　寝がたい（煮えにくい）ふるあずき（古い小豆）
投げても　こぼれない　鉄の釜

近年、大人たちは江戸の子守歌の旋律に「猫のけっつ　蟹にはさまれた」などと即興的に替え歌をつくって楽しんでいる。

四　くどきの子守歌（いちにつらいのは……）

この子守歌には自分の苦労を嘆くものと叙事的に綿々と続くものとがある。
一につらいのは　子守コの　役だネ
二で憎まれ　三で叫ばれてネ　四にゃ叱られ　五にゃ小言されてネ
六にゃろくなもの　食べさせられないでネ
七にゃしめし（おむつ）なんど　洗わせられでネ
八にゃはだかれ（叩かれ）九にゃくどがれてネ
十にゃとやまさ歩かせられでネ　ほんに　ひどいのは　子守コの役だね

沼宮内の子守歌

ねんねこ　ねんねこ　ねんねこな
ぼうやは　良い子だ可愛い子だ
ねんねこ　子守は　つらいもの

母さんに叱られ　子に泣かれ
近所の友達に　はぎられる（仲間はずれ）
早くお正月ア　くればよい
風呂敷包みに　下駄っこ　背負って
母さんさようなら　もう来ない
父さんさようなら　もう来ない
そんなこと　言わねで　またおでれ
ねんねこ　ねんねこ　ねんねこな

胆沢町《いさわちょう》の子守歌

おらえ（家）の前の　ずさの木（エゴの木）サ　美しい鳥コ　とまった
なにして首タコ　曲がった　腹コアへって　曲がった
下サ降りて　ものコをけえ（食え）　足っこ汚れっから　やんだ（いやだ）
川さ入って　掻き洗え　ひびっこア　切れっから　やんだ
小麦嚙んで　くっつけろ　蝿ッコ　たがっから　やんだ
うちわ買って　あおげ　銭っこ　ないから　やんだ

殿さんさ　行って　ひん盗め　首たコ切られっから　やんだ

この子守歌では、殿様の圧政に耐えながら何をしても生活が良くならないあきらめの気持ちを子守の場面で、批判をこめて歌っているのかもしれない。

子守歌はどのようにして伝わったか

全国的にもそうであろうと思うが岩手県でも「江戸の子守歌」ほど多くの人々に知れわたっている曲はない。それは「箏の歌」としてもとりあげられて、多くの人々に「さくら」や「数え歌」などと同じように歌われたからだと考えられる。

もう一つは即興的に生活を歌う気軽な歌として歌われ、出稼ぎや結婚などによって運ばれたからではないかと思う。それにしても、この子守歌はどのようにして運び込まれたのだろう。

住田町の子守歌

佐々木正太郎　採譜

ねんねなされまーせ　きょうはにじゅう　ごーにーち
あすはこのこの ねん ころろ　みやーまいーーー り
み やにまいっ た ーーら　な んといって おーがーむ
いっしょうこのこの ねん ころろ　ぶ じ なーよー に

住田《すみた》町の子守歌（「中国地方の子守歌」〈山田耕筰の名曲〉に似ている。）

ねんねなされませ　今日は二十五日　あすはこの子のねんころろ　宮参り

みやにまいったら　なんと言って　おがむ　一生この子の　ねんころろ

無事なように

お坊さんが聞かせてくれた鬼柳の子守歌

大正の中頃祖母に連れられてお寺にお坊さんの説教を聞きに行った。大きな民家に近所のお婆さんやお母さんたち二十人ぐらいが集まって月に一・二回、お坊さんの説教を聞く会があった。集まるのは女の人だけだった。

そろそろ説教に飽きた頃に、お坊さんが子守歌を歌ってくれた。ナゾ掛けの歌で、お坊さんの言うとおりに私も手のひらに字を書きながらナゾを考えた。そして「なるほど」と思った感激が大きく今でも忘れない。

隣家人（りんかじん）と　自家人（じかじん）と

旅僧（りょそう）　殺す（せっす）と　言（ごん）するぞ

草のかんむり　取り捨てて　山と山とを　重ぬ（かさぬ）べし

旅の修行僧が托鉢をしながら家々を回っているうちに日が暮れて、大きな家に泊めてもらった。

ところがこの家の主人は、隣の人と托鉢で得たお金を奪う相談をした。それを聞きつけた子守娘が二階のお坊さんの寝室に聞こえるように大きな声で何回も何回も、歌ってお坊さんに危険を知らせた。お坊さんは聞きなれない子守歌を聞いて不思議に思ったが、それがナゾ掛け歌だと気づき、すぐに逃げ出して無事だったという。（嶋野宏典著『いわての子守歌と女性たち』盛岡市西部公民館編、平成十六年）

平泉の子守歌（長い長い桃太郎のお話）

(1)　柴の折戸の　賎が家に　翁と媼が　住まいけり

↓

(19)　邪な人を　鬼という　幼心に　善し悪しを

(20)　知らせんために　伝えたる　昔の人の　数え歌

（千葉瑞夫著『岩手のわらべ歌』柳原書店、昭和六十年）

遠野の子守歌（千福山《せんぷくやま》　実在しない名前の山に金鉱脈があった）

千福山の中の沢で　縞の財布を見つけた　見つけた
おっ取りあげて　中を見たれば　小金の玉が九つ　九つ
ひとつの玉をば　お上にあげて　八つの長者よと　呼ばれた　呼ばれた

呼ぶも呼んだし　呼ばれもしたが　朝日長者よと　呼ばれた　呼ばれた

岩手県内に千福山という名の山はない。いわば宝の山という意味である。山の沢を歩いていたら砂鉄の鉱脈を見つけた話である。九つの玉にしてひとつは正直に山番に差出し残りを持ち帰って大金持ちになった話で、地域によっては続きの話もある。

野田のワルツ風な子守歌

ねんねろヤーエー　ねんねろヤー
ねんねろ　かっかー　どこさ行った
あの山　越えて　里さ行った
里の　土産に　何もらった
どんどんかっかに　から遊びだ
良い子やエ　ねんねこやー

西洋音楽的に三拍子と記譜したが、ゆったりした一拍子的な歌であった。

今の時代に子守り女はいない。乳児はベビーベッドの中で哺乳瓶をくわえて、テレビ・ラジオの音で眠ってしまう時代になった。

かつて母親たちは子守歌の即興詩人であり、乳幼児は子守歌の鑑賞者としての過程を経て育っていった。

　子守りをする母親たちは①夢のような気分に誘い込む歌を歌い②怖がらせる脅しの歌を歌い③笑わせて気持ちをゆるめる歌を歌った。

　しかし、いわゆる子守り奉公に出された娘たちは、子守りの辛さなどを、いわば労働歌のように歌っている。

ねんねろヤーエ　(野田の子守歌)　佐々木正太郎　採譜

一番歌詞は期待を、２番ではなだめを、３ばんでは脅しと、子守の気持の変化がよく表れている。

第二章　岩手の民俗から

大槌町安瀬澤《おおつちちょうあぜがさわ》の狼まつり

一　安瀬澤地区

上閉伊郡大槌町金沢《かねざわ》小学校の学区には大槌川に沿って十の集落があり、安瀬澤はその中のひとつの集落である。

それぞれの集落には一年に三回の大行事がある。旧暦の十二月十二日の山神《さんじん》さま。二月十九日は三峰山《みつみねさん》の「おおかみまつり」。春の三月末から四月にかけての花見会（これは集落ごとに日にちが違う）。行事では、お供え物を作ったり、集落の人たちが揃ってお祈りをし、お祝いの会の会場となる家は、順番に当番が決まっていた。

私が訪問したときは佐々木友次郎・テイ宅であった。

当番の家が大変なので、みんなで米・小豆・漬物・酒などを持ち寄ってご馳走をつくるようになっている。

昭和三十年頃までは、どの集落でも行われていた行事も、次第に旧暦ではなく新暦で、場所も集会所か公民館を使うようになってきている。

安瀬澤地区も新暦にはなったが、二月十九日に三峰山（おおかみまつり）を、昔からのしきたりを守りながら今もお参りをしている地区である。

安瀬澤で「おおかみまつり」（古くはオイノマツリ　大犬祭か）をする家は六軒。そのうち、前年度に葬儀等の忌み行事があった家は、お祭りには参加しないしきたりになっている。

あずきめしのおにぎり・
イワナなどを供える

二　祭りの日

「おおかみまつり」の当日、十時頃、人々が並んで白いヘイソクを持ち、あずきめしのおにぎり・生卵・イワナを二匹・お神酒などのお供え物を

山ノ神の祠は小さいので
鳥居に神の札を貼る

狼さま　人や馬を襲わな
いでけろ　と大声で叫ぶ

持って、雪道を二キロ奥の三峰山に行く。林道のほとりに朽ちかけた鳥居、雪をかぶった石碑が二つ、山ノ神とおおかみ様である。

　雪深い年には、奥の三峰山には行けないので、近くの山ノ神の神社にお参りをする。手を合わせていると「さあオオカミ酒を」とすすめられてどきっとする。狼は現存しないからマムシ酒かもしれない。

　あずきおにぎりを供える。小さなあずき豆でなく赤いささぎ豆、赤飯とちがい、もち米ではない。ほんの少しだけの赤豆だから「祝意」とは言いがたいのではないかとうかがったら意外な答えが返ってきた。山の獣たちは、米・大豆・とうもろこしなどは好物だが、あずきの畑には入らないそうである。狼が、あずきを見て逃げてほしいとの願いがあると聞いた。

　手を合わせて拝んだ後、お供えしたものをお相伴で少し飲み食べる。

　ふいに女たちが木立に向かって「狼だ、狼が来た」と叫ぶ。

男たちもつづく。狼が来たと逃げるのは子供の役、大人たちは「おおかみ様、人や馬さカガンネエ（襲わない）ようにしてけろ」とお願いを絶叫する。「来年も丈夫でこごさくるにいいように」「山ノ神さま守ってけろ」「オオカミさまア〜」と叫ぶ。

終ると「ああよがった」と男も女も酒をすする。そして人々は満ち足りて帰り始めた。昔は、雪の中に火を焚き、歌を歌い、酒盛りをしたが、今は当番の家で宴会をする。

行事のあとには熊汁の食事会がある

三　逃げる子どもがいない集落

安瀬澤集落に児童生徒は一人もいない。だから、金沢小学校（現在は閉校）に頼んで子供たちに参加してもらうようにしているが、学校行事や町内行事等で「必ず」参加にはなっていない。

四　祭りのはじまり

金沢は、大槌町ではいちばん遠野に近い集落で、「カネザワ」という名の通り、昔、金がとれたところである。

昔は猪や鹿がどこにも住んでいて田畑に来て作物を荒らした。困った人たちは、狼の神様の「三峰神社」に獣を追い払うようにお願いした。

金沢地区は平地が少なく、作物を荒されては食べていけなくなるので、この狼祭りは集落ごとにどの地区でも行われた。

また、狼は放牧している牛馬を襲ったり、米や魚を運ぶ馬も襲うので、人々はあちこちに「三峰山」の石碑を建てて牛や馬を襲わないでくれ、とお願いした。

狼祭りは旧の二月十九日に、大人と子供たちが行って拝む行事であるが、時には旧暦の五月十五日頃にすることもあった。それは、馬を山に放牧する時期に合わせて、馬の安全を祈るために拝むということであった。

三峰様の石碑にお供え物をあげて、「狼様、ご馳走を持ってきたから、人や馬を食べないで、ご馳走を食べてくれ」と言って祈願する。

狼に襲われた放牧家畜のことは、明治四年の記録があり、明治十一年には石碑を建てたと書かれている。

五　三峰山のご神体

三峰大神のお使いは「狼」であり、火災・盗難・病気などいろいろな災難のとき三峰大神がお使いとして「狼」をつかわし、狼は三峰大神の力を発揮してくれると言われている。

三峰神社の本社は埼玉県秩父郡大滝村の、海抜千百メートルの山の上にある。

金沢地区では以前は「三峰講」をつくって本社参りをしていたそうである。そして、狼祭りは、昭和の戦争中も続けられていたし、大滝村や衣川村の三峰神社参りも盛んであったという。

六　『遠野物語』に見る狼

高橋喜平著『遠野物語考』（創樹社、昭和五十一年発行）の五、幻の「狼」による。

『遠野物語』に出てくる野性の動物の中で一番多いのが狼で、七つの話がのべられている。

三六話　猿の経立《ふったち》（年寄り）、御犬の経立《ふったち》（年寄り）は恐ろしきものなり。御犬とは狼のことなり。山口の村に近き二つ石山は岩山なり。ある雨の日、小学校より帰る子供この山を見るに、処々の岩の上に御犬うずくまりてあり、やがて首を下より押し上ぐるようにしてかわるがわる吠えたり。正面より見れば生まれ立ての馬の子ほどに見ゆ。後から見れば存外小さしといえり。御犬のうなる声ほど物凄く恐ろしきものはなし（岩手県では狼と言わず、おおいぬ・白いぬ・シロおおえぬ、などと言われた）。

遠野地方の子守歌

ねんねんお山の　シロ大犬　一匹吠えれば　みな吠える
ねろねろ　ねろねろ　このわらし　ねんずうと　大犬に　さらわれる

山形県最上地方の子守歌

ねろねろや　ねろねろ　山の奥のオイノコは　一匹吠えるずうど　みな吠える
ねろねろ　ねろねろやあ　寝ねアずど　オイノコに　さらわれる ねろねろやあ

三七話　境木峠と和山との間にて、昔は駄賃馬を追う者、しばしば狼に逢いたりき。馬方等は夜行にはたいてい十人ばかりも群れをなし、その一人が牽く馬は一端綱《ひとはづな》とてたいてい五、六匹までなれば、つねに四、五十匹の馬の数なり。ある時二、三百ばかりの狼追い来たり、その足音山もどよむばかりなれば、あまりの恐ろしさに馬も人も一所に集まりて、そのめぐりに火を焼きてこれを防ぎたり。されどなおその火を躍り越えて入り来るにより、ついには馬の綱を解きこれを張り回らせしに、穽（おとしあな）などなりとや思いけん、それより後は中に飛び入らず。遠くより取り囲みて夜の明けるまで吠えてありきとぞ（狼はあまり群れをつくって生活しないが、狼の出てくる話では「千匹狼と言って、群れをなして山の尾根を通った」といって、数が少なくても大変怖かったというように伝えられてきた）。

三八話　小友村（遠野市小友町）の旧家の主人にて今も生存せる某爺という人、村より帰りにしきりに御犬の吠ゆるを聞きて、酒に酔いたればおのれもまたその声をまねたりしに、狼も吠えながら後より来るようなり、恐ろしくなりて急ぎ家に帰り入り、門の戸を堅く鎖して打ち潜みたれども、夜通し狼の家をめぐりて吠ゆる声やまず。夜明けて見れば、馬屋の土台の下を掘り穿ちて中に入り、馬の七頭ありしをことごとく食い殺していたり。この家はその頃より産やや傾きたりとのことなり（狼は人の後を追う習性があり、ころぶと襲い掛かるから気をつけろと言われていた）。

三九話　佐々木君幼き頃、祖父と二人にて山より帰りしに、村に近き谷川の岸の上に、大なる鹿の倒れてあるを見たり。横腹は破れ、殺されて間もなきにや、そこよりはまだ湯気立てり。祖父の曰く、これは狼が食いたるなり。この皮ほしけれども御犬は必ずどこかこの近所に隠れて見ておるに相違なければ、取ることができぬといえり（佐々木喜善は明治十九年生まれ、子どもの頃本当に狼がいたのだろうか、興味ある話である）。

四〇話　草の長さ三寸あれば身を隠すといえり。草木の色の移りゆくにつれて、狼の毛の色も季節ごとに変わりてゆくものなり（日本狼はインド狼とともに、狼の仲間ではもっとも小さい種類で、足が短く口元が太く、あたまの骨が平らになって、耳が小さいということである）。

四一話　和野の佐々木嘉兵衛、ある年、境木越の大谷地へ狩に行きたり。死助の方より走れる原なり。秋の暮れのことにて木の葉は散りつくし山もあらわなり。向こうの峰より何百とも知れぬ狼こちらへ群れて走りくるを見て恐ろしさに堪えず、樹の梢に上りてありしに、その樹の下をおびただしき足音して走り過ぎ北の方へ行けり。その頃より遠野郷には狼はなはだ少なくなれりとのことなり（狼が明治時代になぜ急に絶滅したかというと、ジステンバーの流行ではないかと言われている。ジステンバーは、イヌ・キツネ・イタチがよくかかるウイルス性の病気で死亡率が高いといわれている）。

四二話　六角牛山のふもとに、オバヤ、板小屋などいうところあり。広き萱山なり。村々より刈りに行く。ある年の秋飯豊村の者ども萱を刈るとて、岩穴の中より狼の子三匹を見出し、その二つを殺しひとつを持ち帰りしに、その日より狼の飯豊衆の馬を襲うことやまず。外の村々の人馬にはいささかも害をなさず。飯豊衆相談して狼狩りをなす。その中には相撲を取り平生力自慢の者あり。さて野に出でてみるに、雄の狼は遠くにおりて来たらず雌狼一つ鉄という男に飛び掛りたるを、ワッポロ（上張り）を脱ぎて腕に巻き、やにわにその狼口の中に突っ込みしに、狼これを嚙む。なお強く突き入れながら人を呼ぶに、誰も誰も怖れて近寄らず。その間に鉄の腕は狼の腹まで入り、狼は苦しまぎれに鉄の腕骨を嚙み砕きたり。狼はその場にて死したれども、鉄もかつがれて帰り、ほどなく死したり。

七　『遠野物語拾遺』に見る三峰大神と古峰神社の御神徳

安瀬澤の狼祭りの会場となった家の床の間には、三峰神社（山ノ神）や古峰神社の掛け軸が飾られていた。その霊験について『遠野物語拾遺』にはいろいろと書かれている。

七一話　物が盗まれた時、三峰様にお祈りしたら犯人が出てきた話。

七二話　お金を盗まれた時に三峰様に祈ったら犯人がすぐに分かった。

七三話　拝んだあと、神様を衣川に送っていかなければ狼に馬を食い殺される。

六五、六六話　古峰神社の神様は山芋が大好きな神様で家の屋根の上にお供えしておくと、翌朝にはなくなっている。

家が火事になったとき、古峰原様の掛け軸だけは、燃えていなかった。火事を消してくれるありがたい神様だ（古峰《こぶ》神社《じんじゃ》は火災を防ぐ神様、古峰原《こぶがはら》様のことである。古峰原とは、栃木県鹿沼市の西北部の大芦川流域をいい、ここに古峰原神社があるといわれている）。

安瀬澤集落の狼祭りには、歌舞音曲の賑わいはなかったが、あずき飯のおにぎり等お供えした品々と、まめしとぎ、熊汁、などにいろいろな基層文化がそっくりそのまま残っており、「オイノまつり」時代を思わせるものがあった。

（柳田国男著『新版遠野物語　付遠野物語拾遺』角川ソフィア文庫、平成十六年）

曲り家（太田民俗資料館）全景

盛岡市太田民俗資料館の喪屋《もや》

この部屋が「隠し部屋」だとの説明を聞いたのは平成二十二年一月、太田民俗資料館で行われた「小正月行事の集い」の時であった。

その時の説明者は盛岡市上太田字樋の口に住む、太田地区老人クラブ協議会長の佐々木智《ささきさとし》さん（旧姓熊谷・東太田地区出身・昭和二年生）であった。

盛岡市中央公民館太田分館の建物と隣接する「太田民俗資料館」の建物の中にその部屋はあった。

図面では奥座敷（和室八畳）の床の間の裏側である。

一　喪屋とは

家族が死亡してから葬儀の日まで遺体を納めておいた部屋のことである。

古代の宮廷では「もがりの宮」といった。

昔、風葬の習慣があった南の方の島では、岩に掘った横穴に遺体を置いて「もや」と呼び、一週間は近親者が酒肴を持って墓守にいった。

二　喪とは

死者との別れを悲しむ儀礼作法のことであ

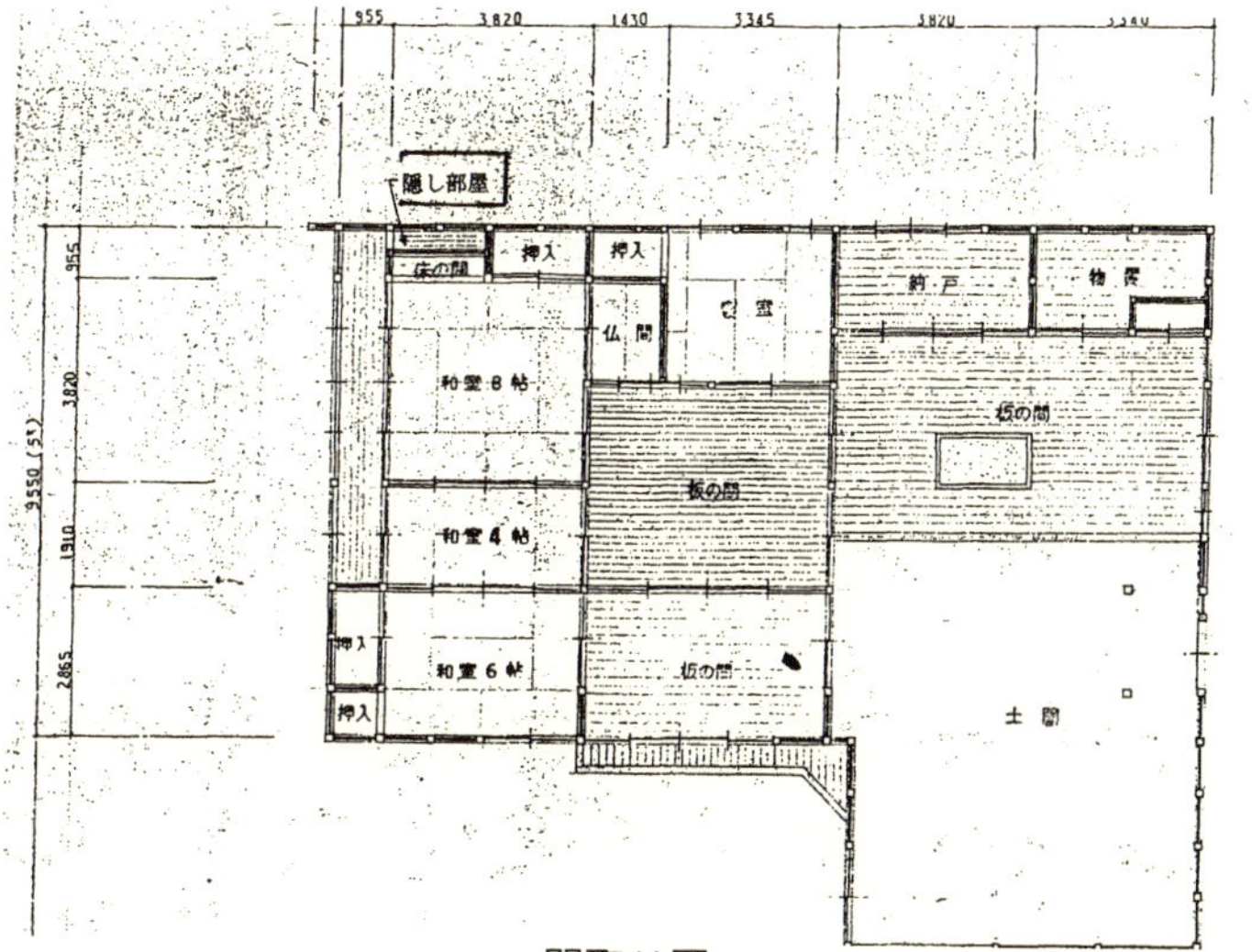

間取り図

る。喪の服とか喪の食事などと言う。

三　屋とは

部屋のことである。部屋といっても喪屋には殆どの場合窓はなく、古くから喪の行事はあまり明るくないところで行われた習慣の名残とも思われる。

四　何をする部屋だったか

そこでは「魂呼ばい」をし、死者の蘇りを待つ場所でもあった。

旧太田村の村誌『朝暾《ちょうとん》額づく』（旧太田村役場発行、昭和十年）には次のように記述されている（五〇三頁）。

「往昔　死体を一定の場所に置き、近親者が毎日これを覗きにきて、いまだ変相せぬをみて　あな面白し　あな楽し　といった習慣があり、現にこの風習は九州の一部に残っていて、近親者が生前好める酒肴などを用意して其の場所に行き、変相せざるを見て乱舞し、いよいよ変相あると葬るという習慣をもっている」と。

五　日本人の死者に対する儀礼

近代医学が発達すると、人の死は「ご臨終です」の宣告で死を認識するが、近代医学の発展以前は、近親者が、ゆるやかで、ていねいな、死者儀礼を行った。通夜をはさんで葬儀にいたる時間は死を意識するとともにその蘇生がないかどうかを待つ時間でもあった。そこではいろいろな方法で魂呼びもどし行事も行われた。前述の佐々木智さんは、となりの岩手郡雫石町で納棺後に蘇生した人がいて、その後長生きした人を知っていた。

にんげんには一つか二つの霊魂が宿っているという考え方がある。「千の風になって」（英語原詩作者不明、日本語作詞・作曲 新井満）はその例である。

蘇生したという例は『遠野物語拾遺』一五一・一五二では、人が亡くなって人魂が出てそれを追いかけたが逃げられた、その時近所のある人が息を吹き返したという話がつたえられている。群馬県でも昭和になってからの例が記録されている（板橋春夫著『誕生と死の民俗学』吉川弘文館、平成十九年）。

佐々木智さんは、昔から「棺桶の釘打ちは空気が入るくらい隙間をつくっておき火葬の直前に釘を深く打ち込むものだ」と伝えられていたと話していた。

六　喪屋の風習が消えていったのはいつごろからか

先に述べた「ご臨終です」の宣告が行われるようになって人の死と仮死の境目が明確になってきたことや火葬の浸透もあって喪屋の風習は衰退していったが、板橋春夫の著書『誕生と死の民俗学』によれば九州の離島の一部にも若干の事例が紹介されている。

語る人

佐々木智さんの〈自宅にもあった喪屋〉の話

① 部屋の呼び名

床の間の後ろにあったので隠し部屋と言ったり、魂が籠っているので魂部屋（たましべや）とも言い、子供が悪戯をすると、たまし部屋に入れるぞなどと脅かされた。

② 誰から聞いたか

小学校二〜三年生の頃祖父から聞いた。

③　よその家にもあったか

何軒かの家にあった。床の間の裏部屋にあった。

④　ふだんは何に使っていたか

その頃農家には祝い膳がたくさんあってその収納場所になっていた。

⑤　民俗資料館の南部曲り屋について

昭和五十九年の移築だが、村で一番古い家というわけではなく、その頃曲り家が解体されることが多くなってきたので、この際、上鹿妻田貝（竹花地区）の滝村タマさん宅が解体計画を持っていたので移築保存しようとしたものだ。

⑥　神楽が鎮魂の意味を持った芸能だともいわれるが

葬儀の際に舞われることはあまりなかった。

佐藤禮子さん（旧姓舘澤・七十三歳）の〈実家の別棟にあった喪屋〉の話

旧岩手郡本宮村字鬼柳の実家舘澤家で不思議な体験をした。実家の屋敷続きに小作人の家があって、高齢の小作人が住んでいた。

深夜にその小作人に食事を届けるのが、まだ小学校入学前だった長女の私の役目だった。その内容には不思議なことがいっぱいあった。

①　眠ってから起こされることもあり、なぜこんな時刻にと思った（人にみられないようにといわれていた）。

②　食事を届けるためには玄関から入れなくて高窓から差し入れた（玄関から出入りをするなといわれていた）。

③　高窓の下には農作業用の長木（ながき）が積まれていたのでその上に上って食事を差し入れた。その方法は木製ワッパの弁当箱におかずも入れて高窓から差し入れた。鍋ものの場合はかぎ状の木の枝に吊るして差し入れる方法をとった。

④　部屋の中はどうなっていたか暗くて見えなかったが、トイレも無く、排泄物タレナガシのようで強い悪臭がした。時々おとなが中に入って寝具・藁布団の藁を交換していたようだ。

⑤　何のためにそのような事をしたかというと、体が動けなくなっても世話になった小作人の終末余生を見守ってあげたいという意味ではなかったかと今になって思う。

当時は子供だったから言われるままやっただけだった。食事運びは深夜のことだったので嫌だった思い出だけがのこっている。

中関由美子さんの〈母から聞いた喪屋〉の話

旧紫波郡佐比内村（現紫波郡紫波町字佐比内）での子供の頃母から聞いた話です。

私の祖母が子供の頃、バアチャンの部屋で添い寝をさせられたそうです。時々バアチャンの呼吸が聞こえなくなると「生きてだか」とよびかけて生死を確かめる役目をさせられたが、添い寝は怖くて嫌だったと大正生まれの祖母が言っていたそうです。

筆者註　須藤功著『人生儀礼』（写真ものがたり・昭和の暮らし(7)　農山漁村文化協会、平成十八年）によれば、昔お通夜のことを「そいね」という地方もあったと言うことです。

藤村富二さんの〈自宅にあった喪屋〉の話

藤村さんは昭和十年生まれで盛岡市猪去大道（旧岩

この床の間の裏側が隠し部屋になっている

手郡太田村）に住んでいる。子供の頃住んでいた上鹿妻にあった旧家の曲り屋の喪屋について聞いた。

隠し部屋と呼んでいた部屋は客間（奥座敷）の床の間の裏側にあり、太田民俗資料館の隠し部屋（畳一畳）の二倍ぐらいの大きさで奥行きが深かった。

もともと太田地区の家々では病人がでると医者の往診などのこともあり、奥座敷に寝かせており、寝具も客用の立派なものを使わせていた。

床の間裏の隠し部屋は何のための部屋か家族の間でも話題になることはなかったし、普段は収納部屋として使っていた。

祖母が弱ってきて「イタイ、イタイ」などと声をだしても、医院は近くになく、往診を何回も依頼できる家計状態ではなかったため病人は無視されており、かわいそうに思っていた。

祖母が衰弱して食事も細った頃「隠し部屋」に移された。

それは家族に気兼ねせずに「イタイ・イタイ」と大声を出してもよいという一種の病人にた

いする配慮でもあったように思う。

祖母は息を引き取ってから数日間隠し部屋に置かれ、その後に葬儀をおこなった。

筆者には、この期間は昔からの言い伝えによる魂の蘇りを願う期間としての意味があるものと考えられる。

七　調査を終わって

（一）喪屋とはいわないが一定の期間、死者を安置した後に葬儀をする風習があったことが確認できた。
（二）魂呼び戻し行事がどのように行われたかの記録は確認できなかった。岩手県内では久慈市久喜地区のように死者の名前（あるいはジイチャン・バアチャンのように）を呼んで「魂呼ばい」をするところもある。
（三）鎮魂の行事として地域の伝統芸能が舞われたというが、岩泉町の鹿踊りのような（盆の墓踊り）事例はなかった。

盆供養のかたち

いわゆるお盆はご先祖様を迎えてもてなす行事であり、家族が里帰りをして親族や地域の人々との交流をする機会にもなっている。

しかし、盆供養のかたちは地域によっていろいろである。ここでは岩手県の遠野市・久慈市・盛岡市の特色ある形を紹介する。

一　遠野のミソウロウ

（一）　ミソウロウとは

ミソウロウとは盆の十四日夜に、初盆を迎える家の新仏の墓前での墓念仏と家の施餓鬼《せがき》棚前で行われる念仏会のことである。

（二）　いつ頃から

記録されたものがないためいつ頃からかは、はっきりしない。遠野市小友《おとも》地区長野鹿踊り保存会長及川一氏の話では昭和の戦争中も行われていたし、今年初盆を迎える父（百三歳で没）から聞いた話によれば明治の頃も行われていたとの事である。岩手県遠野市小友町長野地区のお寺西来院《せいらいいん》の掲示板にも「ミソウロウ」と書いてあるが「御精霊」ではないかと思われる。西来院が開基した一五五〇年頃（天文後期）以前から続く風習のようである。

新盆の仏壇の前での座敷念仏（ミソウロウ）

（三）　行事への参加者

原則的に地区内（遠野市小友町長野地区）全戸から各一名の男性が参加し念仏を唱える。以前は浴衣を着用して集まったが最近はお盆といっても日中は仕事に出る人が多くなったので日常着のままで参加するようになったという。この地区には相互扶助の心が残っていた。

念仏会では、笛一人、鉦一人、太鼓二人（一台の太鼓を向き合って打っていた）、藁で迎え火を燃やす人一人（墓前の場合のみ）、がそれぞれ役割をもっており、その他の二十人ぐらいが墓前に立ったまま唱えたりしゃがんだりして念仏の唱え手になる。住民の絆を強める行事である。

初盆の墓前念仏　長野のミソウロウ

(四)　行事の行程

長野地区にはお寺は西来院だけであるが、墓地は一の倉地区と鮎貝地区と二か所にある。本来この行事は夜に行うものであるが、初盆を迎える家が多い場合は夕方四時頃からはじまる。

お盆の前には地区の念仏グループの代表者達が寺に集まってその年の行程を決めている。

当日は出発点となる家に、太鼓、笛、鉦の人々が集合してそこから墓に向かう。墓では迎火の藁を燃やし笛は立って、太鼓と鉦は茣蓙《ござ》を敷いて正座する。

各家庭にある念仏供養帳によれば、

ちょろぎ（燈籠木）遠野市長野地区

① 最初の念仏は、「お墓誉め」。

参り来て是のお墓を見申せば　恋しき人の墓印　石碑の梵字眺むれば　涙流して目も開かず　そさまの袖は濡るるとも　我等は世に有り身はつらい

② 次の念仏は、新仏が成人男性の場合の「不動和讃」。（成人女性の場合は小萩和讃、子供の場合は花和讃）

ヤーハーアイ　南無帰命頂礼《きみょうちょうらい》不動和讃　暁起きて西見れば　紫雲はお出来あり　紫雲のその中に不動三体お立ちやる　お釈迦様には船に召し　勢至《せいし》観音柁《かじ》を取る　地蔵菩薩は　櫓櫂漕ぐ有縁《うえん》無縁の風吹かば　法華経　山経　帆にかけて　（以下省略）

③ 誉め事は、もともと念仏踊りなどにあるもので、一種の

お庭誉め念仏を唱えながら座敷にあがる
（ミソウロウ）

表敬行事である。庭誉め、橋誉め、座敷誉め、寺誉め、酒誉めなどがある。

最初の墓念仏が終わると、同じ墓地内の別の新仏の墓前に移動して同じことを繰り返す。

墓地内の念仏がすべて終わると、地区内の新盆の家の燈籠木をめざして移動する。

④ 燈籠木とは、新盆の家の庭先に、高い竿の先につけて灯す「高燈籠」のための竿のことである。

先端には杉の小枝がついている。盆の精霊を迎えるための目印である。

⑤ 参加者は家の庭先で全員燈籠木の方を向いて「燈籠木誉め」の念仏を唱える。

参り来て此れの燈籠木見申せば　高さも高い高過ぎて　一丈二丈　五丈六丈　拾丈余りの

燈籠木に　金の燈籠を吊り下げて　天に恐れて　宙に居る

⑥ 「お庭誉め」、ここでは太鼓の皮面を上にして構え、三人で上から太鼓を打つ。この時の笛と太鼓は、

太鼓　トントン　トコトン　トントコ　トコトン
笛　ミ　ミ　レミミ　ソ　ミレ　レドレ
の繰り返しである。この間に庭を歩いて家に入る。
参り来て此れのお庭を見申せば　四方四角で枡形なり　四方の隅には釈迦と阿弥陀と薬師如来　地蔵菩薩は　中に立ち　さこそ見事なお庭かな
座敷には仏壇の前に施餓鬼棚（または御精霊棚、盆棚ともいう）を組み、ちょうちんを下げ、野菜・菓子を仏膳に供え、遺影を飾る。
座敷の入り口と反対側に、その家の家族及び縁者たちが座り、棚の前中央には、太鼓と笛と鉦が座る。その後ろに地域の人々が座って「座敷誉め」「施餓鬼誉め」「不動和讃」などを唱える。
⑦　座敷誉め
参り来て此れのお座敷を見申せば　新品《あらしな》に千里走らせ　うすべりに　われらに座れとありがたや　おいごう申せや　我がつれ
⑧　施餓鬼誉め
参り来て此れの施餓鬼を見申せば　高さも高い高過ぎて　黄金の位牌は背を揃えて立ち並び
位牌の梵字を見申せば　涙流れし目も開かず
掛図花立天蓋旗　黄金香炉（以下省略）

回向《えこう》の念仏が終了すれば、別の家に移動して同じことを繰り返す。

お墓での回向の念仏と施餓鬼棚での回向念仏が全家庭終了すれば、お寺西来院に行って「お寺誉め」の念仏を唱え、その後で直会《なおらい》行事と称して御苦労会の飲食を行う。

⑨　お寺誉め

参り来て此れのお寺を見申せば　朝日さし夕日輝く大寺《おおてら》に
数多《あまた》の稚児たち居並びて　紫檀の机に寄りかかり　紫硯に油煙の墨
金の巻き筆手に取りて　梵字さらさら書き写し　そうて御僧《おんそう》拝むれば
斜肩衣《しゃけんごろも》に紋紗《もんしゃ》の袈裟　琥珀の数珠を手に掛けて　みな水晶の数珠をつなぐ

(五)　小友と念仏行事

小友地区は昔アイヌの言葉で「オットモ」と言い「乙供」と書いたという(「遠野学」)。明治になって岩手県になる前は「伊達藩」の北端に位置し、南部藩の帰属ではなかった。

ミソウロウの行事は南部藩では見たことがない。伊達藩の風習であろうか。

しかし、南部藩であった盛岡市根田茂地区に伝わる「根田茂高舘剣舞」には、墓念仏踊りがあって、太鼓・笛・鉦と念仏和讃に合わせて踊りを踊る。

また、旧八戸藩領内であった遠野市附馬牛《つきもうし》町に伝わる「上柳《じょうやなぎ》獅子踊り」には「位牌誉め」の歌があり、小友の文言と非常に似ている。

位牌誉め

参り来て　是のお施餓鬼見申せや　綾の　打敷き　しきはいて　黄金の御位牌立て並べ
位牌文字を眺むれば　読むに読まれぬ　涙こぼれる
茶とうす　香ともす　香の煙は細くとも　天に昇りて雲となるもの

このことから、ミソウロウは念仏踊りの「踊り」が省略されて「墓念仏」になったものかもしれない。

小友地区にはミソウロウのほかに「氷口《すがぐち》の御祝い」という珍しい祝い歌の風習もある。

家庭での四十八燈明

二　久慈の四十八燈《しじゅうはちあかし》

私の育った久慈地域では四十八本のローソク台を玄

墓地に盆旗を飾る
（久慈市二子地区）

お寺に設置された四十八燈明

関付近に立てて新しい仏様を迎える。この四十八あかしは三年間続ける。

三段のローソク台は自家製であり、上段は左右六本ずつで十二本、中段は左右八本で十六本、下段は左右十本ずつで合計四十八本である。十三日から三日間毎日の墓参りが済んだ夕刻に火を入れ、家族みんなで拝み、親戚の家からも誰かが拝みに訪れる。「四十八を拝む」という風習である。

子どもたちはローソクが燃え尽きるまで見張りをしながら花火を楽しむ。近年様々の事情で自宅にローソク台を立てられない場合はお寺にお願いして寺の四十八あかしにお参りをする。お寺の本堂付近には鉄製の四十八あかし台に八月十五日だけローソクが灯される。ローソクの背面には戒名と俗名とを書いた位牌紙を張り出してもらって供養する。

私が小学生の頃住んでいたことがある九戸村では「ソウズカババア」の分として一本足して四十九本をもって「四十八あかし」とする例もあった。精霊があの世の門番である「ソウズカババア」に施しをするという意味らしい。

なお、久慈市長内町の二子（ふたご）地区では墓地に南無阿弥陀仏と印刷された「盆旗」を何本も墓の周りにつるして飾り付け、墓の前では迎え火用に松のねの木片を盛大に燃やしていた。

久慈地方では新精霊を迎える目印としての燈籠木は作らない。

座敷の精霊棚の左右には栗の小枝を立てて飾った。

位牌堂で踊る

盆の十六日の朝には精霊を送る準備をする。

まず小麦粉を練り合わせて茹でたもので「セナカアテ」（背中当て、背負子のこと）と「ヒボカ」（紐皮、背負い綱のこと）をつくる。仏様が供え物を背負ってあの世に帰るための道具で「セナカアテ」は大型のトランプ程度のもの三～四枚。「ヒボカ」は、ひもかわうどんのように幅広の三十センチ程度のものを数本つくる。

煮しめや赤飯、漬物、菓子などと一緒に、きゅうり細工の馬、更に盆花も入れて菰でくるんで昆布で縛り、海や川に流す。その後に寺参りをし、夜には送り火を焚いてお盆行事は終わる。

三　盛岡市静養院の墓踊り

供養の墓踊りは、古くから鎮魂の意味をこめて、地域の郷土芸能団体が墓地の広場で踊っていたが、年々踊る人が少なくなり中止するところが増えている。

盛岡市の「山岸さんさ踊り保存会」では八月十五日にお寺の盆舞法会に参加する。

まず、本堂で先祖供養の読経と線香をあげて礼拝をする。続いて二階の位牌堂に入り、供養の「さんさ踊り」の献舞をする。その後墓地に移動して初盆の墓の前や寺の代々の住職の墓の前で踊る。

お墓の前で踊る盆踊り

墓地内の通路は狭いので二つのグループに別れ、少人数で回っても全部は回れない。

そのあとで寺の本堂前で輪踊りをする。この時は檀家の大人や子どもまで一緒になって輪踊りに参加する。

山岸さんさ踊り保存会の代表者阿部さんの話では、昔はこのあと「門付け」に行ったもんだが現在では交通事情がかわったので行けなくなったという。

盆踊りに限らずお盆の十五日に地域の伝承芸能などをお墓で踊るのは岩泉町釜津田《かまつだ》の鹿踊りグループなどがある。

以前は多くの寺の庭で盆踊りが行われたが、年々参加者が減って「踊り踊るなら寺の前で踊れ踊る片手に後生招く」という盆踊り歌も歌われなくなってきている。

郊外の地域でも参加者の減少で、基層文化としての供養のかたちが崩れてきており残念に思っている。

久慈市久喜浜の葬儀風習

はじめに

人生の終着となる儀式は葬儀であるが、いまや葬送儀礼は、ほとんど葬儀屋まかせで、かつての習俗も忘れられようとしている。

人の死は悲しいものであり、とりわけ肉親との別れには格別なものがある。その際、近親者が号泣するのは極めて自然の人情であるが、少し度を越えて儀礼的に、あるいは他人を雇って大声で泣かせるという葬送習俗が、半世紀ほど前までは岩手県内でも見られたのである。

こうした雇われ人は「泣き女」と呼ばれており、『広辞苑』第二版補訂版には、

泣き女　能登などでは、その代金により「一升泣き」「二升泣き」などといった。中国・朝鮮

にもある。

と記述されている。また、『岩手百科事典』（岩手放送株式会社、昭和五十三年）では、
葬送に泣き女のつくのは、久喜浜が表日本の北限である。

とある。

そこで久喜浜で聞き取り調査をした。また、石川県七尾市に赴いて文献調査をしたものをここにまとめてみた。

一　泣き女とは

「泣き女」とは、葬式の際に儀礼もしくは作法として泣く女のことであるが、この習俗は日本で古い由来を持っている。

日本における「雇い泣き」の記録の最初は『古事記』であろう。同書上巻《かみつまき》『忍穂耳命《おしほみみのみこと》と邇々芸《ににぎの》命《みこと》』の　天若日子《あめわかひこ》の派遣の中に天若日子の葬礼について次のような記述がある。

さっそく、そこに喪屋を作って、河鴈《かわがり》を、きさり持ち（葬送のとき死者に供える食物を持つ役目）とし、鷺を掃持《はばきもち》（葬送のとき箒を持つ役目）とし、翠鳥（そにどり、かわせみ）を御食人（死者に供

える御饌をつくる役目）とし、雀を碓女《うすめ》（米搗女）とし、雉を哭女《なきめ》とし、八日八晩の間歌舞音曲を奏して、死者の霊を迎えようとした（梅原猛『現代語訳　古事記』学習研究社、平成十三年）。

なぜ雉が哭女なのか。『日本古語大辞典』（松岡静雄、刀江書院、昭和四年、一一三頁）には、

哭女。雉の総称。その鋭い声から負ったものであろう。葬儀に携わる泣き女に擬せられたのは、その鳴声を児としたためと思われる。

とある。

二　私の見た泣き女

私が葬儀に参列したのは、昭和三十三年一月、担任していた生徒の父親が海難事故で死亡した時であった。

久慈市長内町二子地区にはお寺がない。葬儀の時には久慈市の中心部の長福寺あるいはその宗派の系列の寺から僧侶が出張して葬儀を執り行っていた。

この地区は当時土葬であった。棺は高さ三尺（約一メートル）幅と奥行きは一尺四寸（約四十二センチ）の木箱で、膝を曲げて座棺の姿で埋葬する様式であった。

葬列を組み、親類縁者の若い女たちは泣き女になり、柩につけた縁綱というものに取りついて泣きながら参列する。家を出てから墓地への道順は表道路を通って行き、墓地で柩をおろして埋葬するときには泣き止む。それは、雇われ泣きではなく、親戚泣きの風習であった。葬列の中で号泣している男性は見当たらなかった。泣き女が柩にすがって泣く様子は、葬儀に悲哀の雰囲気を醸し出していた。

三　葬儀の号泣儀礼

こうした所作は、中国・韓国・台湾にもあることを映画やテレビ番組で知った。中国映画『泣き女（中国語原題　哭泣的女人）』（二〇〇二年カンヌ国際映画祭出品）では、形式化されて葬儀儀礼となり、報酬の額により、泣き方・泣く回数・泣く場所などが異なり、雇われた泣き女が演じていた。

また、テレビ番組で見た台湾の泣き女も雇われ泣き女であるが、大粒の涙を流してマイクを使って号泣していた。

韓国でも同じように葬礼のとき、喪主や近親者が柩のそばで「アイゴウ」と叫んで悲しみ泣く習俗があるという〈塚林康治著『耳のかゆいは良いたより』七尾の習俗2、七尾市立図書館友の会、平成七年〉。

このように葬儀の中の号泣儀礼は、中国・朝鮮・台湾など、東アジアに広い分布を示している。なかには、中国の北方のように「泣き男」の風習が見られる地方もあるとの記述もある〈『大百科事典』平凡社、昭和九年〉。

四　なぜ岩手なのか

「日本民俗文化大系」第五巻『山民と海人——非平地民の生活と伝承——』〈小学館、昭和五十八年〉には、〈井之口章次『日本の葬式』、早川書房、昭和四十年〉として、泣き女の分布図をのせている。日本では三十五の地区があり、東北では岩手県九戸郡宇部村久喜〈現在の久慈市宇部町久喜〉と秋田県鹿角郡尾去沢村元山が紹介されている。

また、岩手県の民俗学者森口多里の著書『民俗の四季　岩手に探る秘境感』〈歴史図書社、昭和五十五年〉や『岩手百科辞典』でも、

久喜浜では出棺の時家人が「泣いてけろ」と声をかけると女たちは一斉にはげしく泣き始める。

と紹介されている。

参考：岩手の泣き女が紹介されている書籍

（一）日本の葬式　井之口章次著　早川書房　久喜浜のこと
（二）日本民俗文化大系 第五巻　山民と海人　小学館　久喜浜のこと
（三）民俗の四季　森口多里著　歴史図書社　久喜浜のこと
（四）岩手百科辞典　岩手日報社　久喜浜のこと
（五）日本民俗大辞典　下巻　吉川弘文館　平泉町のこと
（六）小袖部落の近代史　大向直三著　私家版、昭和五十三年　小袖浜のこと

これらの記述では、風習があったと述べているだけであり、深い研究はなされていなかった。

一方、泣き女に疑問を投げかける説もある。

民俗学者柳田国男はその著『涕泣史談』（昭和十六年）（集英社文庫『遠野物語』所収）で次のように述べている。


葬式の折などにも、上手によく泣く泣き女というのを頼んで泣いてもらったという話がある。あるいは、一升泣き・二升泣きなどと称してお礼の分量に応じて泣き方にも等級があったということを今でも事実のように語る人がいるが、そういう風習の存在を私などはまったく見聞きしたことはない

と述べ、

ただ野辺送りの日には公然と泣いてもかまわないことであり、それが普通である。としている。

また、『広辞苑』で紹介されている石川県七尾市の事例について、地元、七尾地方史の会会長大林昇太郎（明治二十九年生）は、『七尾町旧話』（七尾地方史の会、昭和六十年）の中で「能登の七尾市などでは」と記述しているのはいったい何によったものであろうか、と述べている。

しかしながら、久慈の人、大向直三（明治四十一年生）は『小袖部落の近代史』の中で次のように述べている。

親類縁者の若い女達は泣き女になり、葬列の棺箱につけた縁綱《えんづな》というものに取りついて泣きながら送ったものであったが、最近はこの泣き女も逐次肉親以外はすたれた。

と。

五　泣き女の分布

岩手県久慈市久喜地区や小袖地区にある「親族泣き」の習俗は、決して蔑視される性質のものではない。むしろ、こうして伝承されてきたことが日本の精神文化を考えさせるのに貴重な資料提供となる。

全国の、泣き女の伝承をもつ土地を地図にあたってみると、奥羽山脈中の鹿角郡の尾去沢村（現鹿角市）など、山間地域もあるが、大半が、久喜・小袖地区と同じ海に面した土地である。かつては日本のどこでも見られた葬送儀礼であったことをうかがわせるが、伝播の経路は海岸部からだろうと想像されるし興味をそそられる問題である。

次頁の泣き女の分布図（「日本民俗文化大系」第五巻『山民と海人』小学館、一六頁）参照。

1　下長内
2　二子
3　小袖
4　久喜

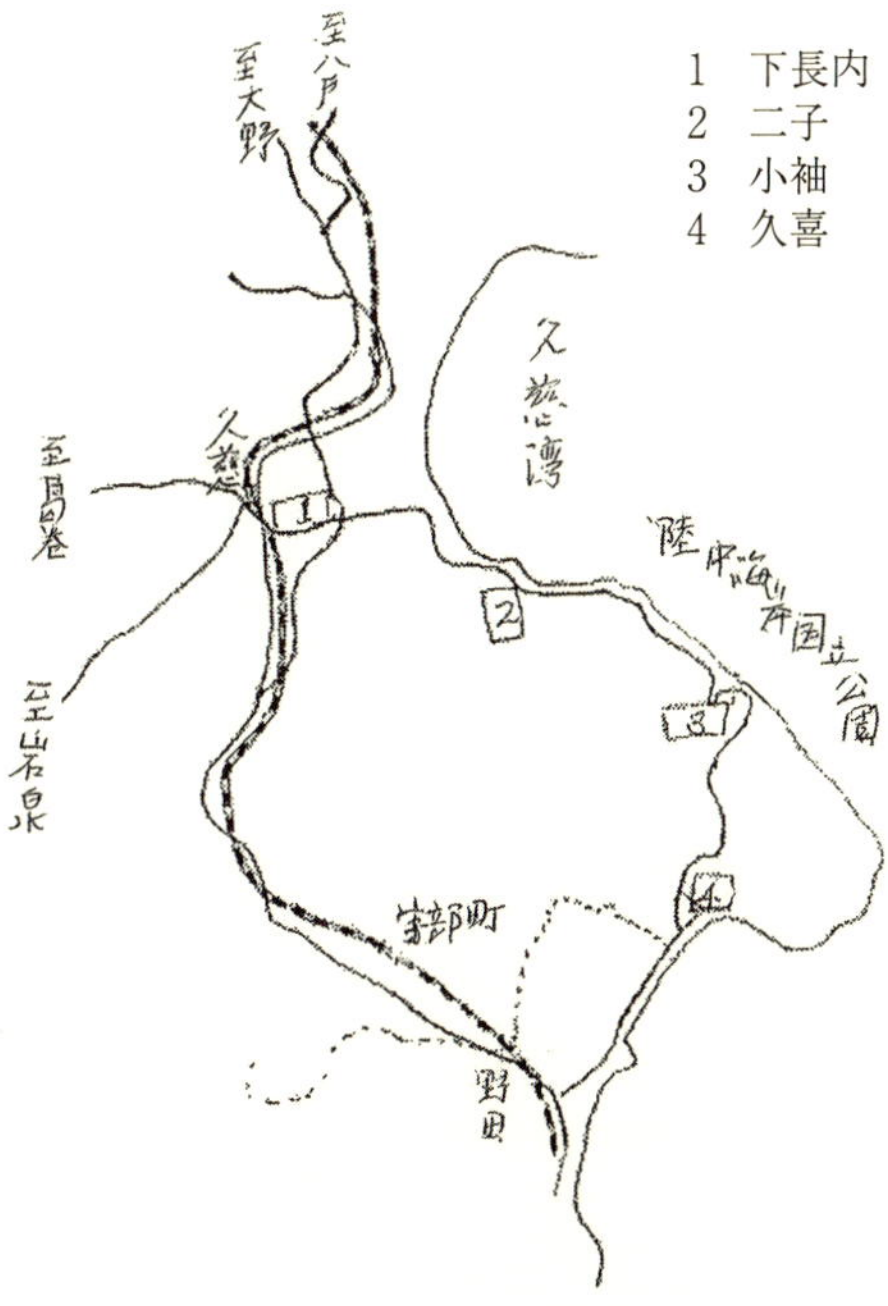

久喜地区の位置

六　泣き言葉と場所

昭和十七年頃の話を聞いた。

久慈市小袖地区では、近所の人々が、納棺前に弔問に来て、「じさまナアー、じさまナー」(おじいさん、おじいさん)と呼んで泣き、それは死者の魂を呼び戻すための呼びかけの意味があるといわれた。これは単に悲しみ嘆くというだけでなく、むしろ、死者に対して生者がもつ愛情と追慕の情を伝える役割があると思われる。

そして、納棺後祭壇に安置されると、お悔みの金銭を熨斗袋にも入れずに差し出して「ホラんがあどーサ(あなたがたに)けんがヨー(あげましょう)」と言っていたという。死者にお金を持たせるという風習は中国の映画にもあった。

平成十五年に参列した久喜の葬儀では自宅葬儀で僧侶が祭壇前で読経中にもかかわらず「ばあちゃん　どごさいぐの(おばあさんどこに行くの)」と、ばあちゃんの娘(他家に嫁いでいる)が大声で泣いた。

また、昭和三十三年に参列した葬儀では、まだ若い父親の海難事故による葬儀だったので泣き方

泣き女の分布図

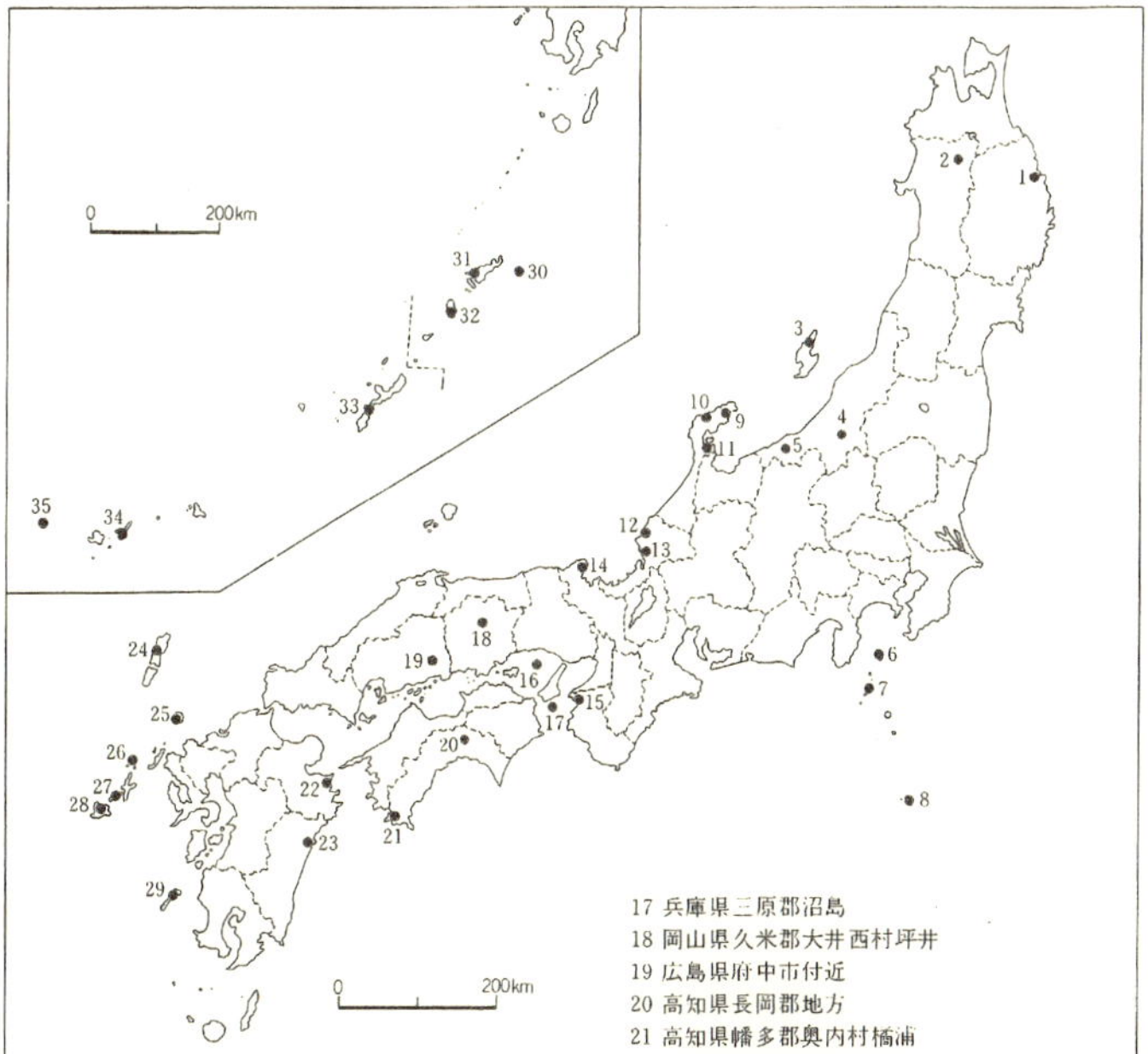

1 岩手県九戸郡宇部村久喜
2 秋田県鹿角郡尾去沢村元山
3 新潟県佐渡海府地方
4 新潟県魚沼地方
5 新潟県西頸城郡青海・市振ほか
6 東京都大島
7 東京都新島
8 東京都八丈島
9 石川県珠洲郡宝立村
10 石川県輪島市海女部落
11 石川県七尾市付近
12 福井県丹生郡越廼村
13 福井県南条郡河野村
14 京都府与謝郡
15 和歌山県和歌山市付近
16 兵庫県揖保郡家島坊勢
17 兵庫県三原郡沼島
18 岡山県久米郡大井西村坪井
19 広島県府中市付近
20 高知県長岡郡地方
21 高知県幡多郡奥内村楠浦
22 大分県北海部郡海辺村津留
23 宮崎県延岡市の在方
24 長崎県上県郡仁田村女連
25 長崎県壱岐郡渡良村小崎
26 長崎県北松浦郡神浦村寺島
27 長崎県南松浦郡奈留島村
28 長崎県南松浦郡福江島
29 鹿児島県出水郡中甑島
30 鹿児島県大島郡喜界島
31 鹿児島県大島郡西村管鈍ほか
32 鹿児島県大島郡徳之島伊仙村・亀津町
33 沖縄本島
34 沖縄八重山列島石垣島
35 沖縄八重山列島与那国島

以上のほか、安房、信濃、尾張、熊野にもおこなわれていたことが、古書に見える。地名は調査報告の当時のままを記した。

8 泣女の分布 (井之口章次『日本の葬式』, 早川書房, 1965年, による)

小学館「日本民俗文化大系」第五巻『山民と海人』より転載

も激しかった。大声でわめくように、生前一生懸命働いてくれたことにありがとうと言い、元気に漁から戻ったら酒を飲ませたかった、などと言って、生前の働きに対する感謝と、一家の柱を失った家族はどうすればよいかとも言って泣いた。

現在は火葬になったが、土葬の頃は柩を土中に埋め、その上に盛り上げた土を踏み固めながら「これからこの山にずっと住むんだよ、寂しいが来年のお盆には迎えにくるから」といって泣いていたという。

大昔、小袖の集落にはアイヌと和人の両方が住んでいたらしいといわれている。

アイヌ人と結婚した小袖の女の人は、北海道のアイヌの集落で死期を感じた時に「死ぬ前にもう一度小袖沢の水を飲んでみたい」と言い、周囲の人も「そうだろうな」といって泣いてあげたという言い伝えも残っている。

これと似たようなことが七尾市の「死者に対する口説きことば」として紹介されている。

一家の主人が死んだときは「二升泣き」とし、

「飲みたい飲みたいと言うたが、飲ますりゃ良かった七尾の酒を」

主婦・中年の婦女子が死んだ時は「三升泣き」とも「五升泣き」とも言うとし、

「食いたい食いたいと言うたが、食わすりゃ良かった、カンショバ（注　大便所）の高の南瓜を」

小娘が死んだ時は「一升泣き」と言い、

「したいしたいと言うたが、さすりゃ良かった、繻子（しゅす）の帯を」

（前掲塚林康治著『耳のかゆいは良いたより』）


久喜地区で昭和二十九年に生まれ現在は久慈を離れて他の町に嫁した女性に話を聞いた。

母が亡くなった時の泣く人は母の妹たちと私の姉と私で、長くて白い縁綱を持って家からお墓まで泣いた。家から墓まで距離があるので泣き疲れます。それでも「嘘でも泣け」と言われ、泣きは仏に対する供養だからとも言われた。

納棺の時も泣き、火葬の時も泣く。

縁綱に取りついて泣く人が一人しかいない場合などは、恥ずかしいので人を頼んでも泣いてもらう。頼まれ親戚になってもらうのです。

自宅葬儀のなかでも「アッパ（おかあさん）ヤー　アッパヤー」と子供達は泣き、死者の兄弟たちは、死者の名前を呼んで泣きます。

また、納骨が終わってから墓石の前で父は「これで夫婦の縁は切れた」と言うと、母の兄弟たちは「縁を切られた」と言って泣いた、と話してくれた。

死者が病床にあり、かつ苦しんでいた頃を思い、それぞれの思いを泣きながら、

「なにして　おれを　おいていった」

「おばあさん苦しかったべ」

「遠くにいて　会えなかった　くやしかったべ」

などと泣きながら言うことが、死者に対する供養である、と言い伝えられている。

泣きの言葉はただ単に悲しみを表すのではなく、死者の生前の暮しや思い出を語ったり、遺族の後悔を語ることによって、死者への弔いとしたものであろう。

その背景には死者の魂を遺族に残すといった、死者の復活を祈る性質があったかもしれない。

泣く場所としては、納棺・出棺・葬列・火葬・納骨といった、現世からの隔離の時であることを考えると、それは現世への引き戻しの願いもあったかとも思われる。

七　職業としての泣き女

中国や朝鮮では、凶事に際して肉親の女性が、情愛の自然の発露としてというよりは、むしろひとつの儀礼として哀泣することが必要だったらしい。

中国映画『泣き女』では、男性マネージャーが、泣き方がうまくて声も良い女性をスカウトして教育し、泣き女に育て、

傾盆大雨→百元。四隣不安→二百元。高歌放唱→三百元。山崩地裂→四百元。

という値段表があった。

また、民間放送テレビ番組で台湾の泣き女が放映されたものを見ると、数人のグループが、営業用の自動車で移動しながら、いくつかの葬儀をまわって、大粒の涙を流して泣く、職業人としての泣き女が出てきた。

日本においては、雇われた泣き女が必ずしもそれを職業としているものではなく、半職業としての泣き女が、島や海辺の村、ことに南方に多くあったという報告書がある（島尾孔雀『能登地方の弔ひ婆嫗――一升泣・二升泣・三升泣――』『民族と歴史』第二巻第六号所収、明治二十二年）。

生計を漁業のみに頼らざるを得ない、そのうえ耕地不足で生活が苦しい中で、泣きの報酬としての能登の事例を、大高坂守衛はその論文「一升泣き五合泣き」の中で、
コノ泣キ婆ナル者ニ玄米一升ヲ与フレバ、其ノ眼中ヨリ滂沱タル涙ヲ流シ其ノ泣キ声モ或ハ高ク低ク、人ヲシテ眞ニ号泣スルカト思ハシム。又之ニ反シテ米五合ヲ与フレバ其ノ泣キ声ヲ半ニシテ涙モ亦雨後ノ檐滴（えんてき）ニ似テ先ノ一升泣キノ如ク丁寧ナラズ。其涙滴ノ多少、泣キ声ノ長短ハ全ク与フルトコロノ米ノ多少ニ比例シ伸縮自在ナリ。村民モ亦其泣キ声ヲ聞クニ慣レ、一日ノ間ニ其ノ一升泣キト五合泣キヲ区別スト云ウ。

と報告している（『東京人類学会雑誌』第四三号所収、明治二十二年）。

岩手県においては半職業的な泣き女の記録はないが、平泉町毛越寺の哭きまつりについて「昔は

泣き女を雇って泣き声をあげて葬式の形を行う法会があった。現在は泣き女は雇われず、僧侶が四方念仏を唱え、大阿弥陀堂の周辺を回って弔うとある（小形信夫『岩手百科辞典』）。

また、志羅山頼元（元毛越寺執事長）の著述『よみがえる観自在王院と基衡公奥方の修諸功徳をたたえる』の中では、

（基衡公奥方の）葬式は、わが国上代からの高貴な方のときの習わしである哭き女・哭き男が大勢つき添って泣き悲しみ、奥方との死出の旅のお別れを惜しみ悼んだのです。（中略）奥方の命日にはそのときの葬儀になぞらえて、同じ造りの棺をかつがせ、やはり、泣き悲しみながら、大阿弥陀堂のまわりを巡って追福供養をしました。この供養法要が今日まで続いているのです。

とある。

平泉諸寺祭礼曼荼羅

八　泣くことの変化

岩手県内の葬礼で、一般的に近親者が大声で泣く場面といえば、火葬直前に棺の窓を開けて最後の別れをする場面である。

平成十五年九月小袖地区で昭和三年生まれの女性に聞いた。

若い人たちは、葬儀の形式も知らない。葬儀屋まかせになった。以前は、花も団子も、額につける三角布も、みんな手作りで供えたものです。

葬儀でも親子・夫婦・きょうだいが泣きます。昔は家からお墓まで身内の人たちは泣きながら坂を登っていきました。

年寄りの人の葬儀より、若い人や病気で死んだ人のときはいっぱい泣きます。

と言っていた。

久慈市長内町下長内地区生まれの女性（現在盛岡市在住）の話では、

昭和三十六年祖母の葬儀の時、親戚の女性たちが縁綱《えんづな》にすがって泣いた。

という。

縁綱は宮城県七ヶ宿町湯原では縁の綱といっている（須藤功著『人生儀礼』写真ものがたり・昭和の暮らし⑺、農山漁村文化協会、平成十八年）。久喜では、家から墓地までの葬列に遺族の女たちがこの綱を持って列に加わる。

これは死者と親族がつながっているとともに、浄土にもつながっているという意味もあるのであろう。この綱に女だけが加わるのは「女三界に家なし」と言われた女たちが、死者へ善をつくすことで死後に浄土にいけるよう、救いの道を差し伸べてもらおうとしたのかもしれない（前掲須藤功著『人生儀礼』）。

「泣きは　供養だ」と言った久喜地区生まれの女性も、「昔は泣く人がひとりぐらいしかいないと、生前に付き合いの少ない人だからと言われ、親族は恥ずかしい思いをする」と語っている。

こうした体面を意識した「泣き」になって、時代とともに変化している久慈市の「近親泣き」は社会的体面だけでなく、死者の魂を呼び戻すための「魂呼ばい」の意味と、弔辞的な「しのびごと」の意味をもって、ひとつの儀礼として続いてきたものであるし続いていってほしいものである。

お寺の僧侶が葬儀を執り行うという形式がなかった時代に、泣き女の「泣き」は弔辞であり、お

縁綱を持って列に加わる。喪主及び近親の女性は葬列で靴を履かない。

経だったのではないかと思い、僧侶にたずねてみたが、わからないとの事であった。古代の葬式儀礼の形式として「泣き女」が受け継がれてきたのであれば、大切な文化としての価値が大きい。

九　古い葬式儀礼の名残をとどめる久喜地区の葬儀

(一)　喪主など数人の女性は靴を履かずに、白足袋で葬列に参加する

雪があるときはスリッパを履くこともあるという。これは、死者も靴を履かないので喪主たちも同じようにしようという意図である。前掲の須藤功著『人生儀礼』によれば長野県阿智村では前頁写真のように喪主（女性）のうしろの四人まで藁ぞうりを履いている。

(二)　白装束で送る・蓑を着て送る　などの省略型がある

久喜の葬列に参加する人々には、写真（次頁上）のような人差し指ぐらいの白い紙切れが渡される。その紙片は、靴と足の間に挟みこみ、墓地に着くと回収されて納骨の時に一緒に墓に入れられる。

秋田県横手市の一部に残る「シビトゾウリ」にするためであり（前掲須藤功著『人生儀礼』）、「死者といっしょに」という考え方に結びつくものであろう。

家によっては、紙でなく、「すげ（菅）」を折って靴にはさむところもある。野田村の葬儀屋の倉庫にはたくさんの「すげ」が乾燥して、吊るされてあった。

これは、死者が三途の川を送るときのためにとして杖やワラジなどと一緒に蓑を持たせる古いしきたりの名残と思われる。

また、喪服の正装が白であった時代の名残として、久慈市長内地区の一部には、親戚の女性たちが白い布を頭に被る習慣があった。秋田県横手市の一部では昭和三十年代に、葬列に加わる親族の女性たちの喪服は白であった。

この地区でも喪服の正装が黒になってからも女性の肩に白い布をかけていた。

白装束の名残の紙片を靴と足の間に挟む

喪主及び近親の女性は葬列で靴を履かない

喪主が男性の場合には、白の袴と白のカミシモをつけていた。

（三）死者が三途の川を無事に渡れるように橋をかけてやる

板の長さ約五〇cm幅約二〇cmほどの板を持った男性が葬列の先頭になって早めに出発し、本物の橋の上に板を敷いて「三途の川を渡る橋」にみせて、参列者はその板を踏んで葬儀の場所にいく。

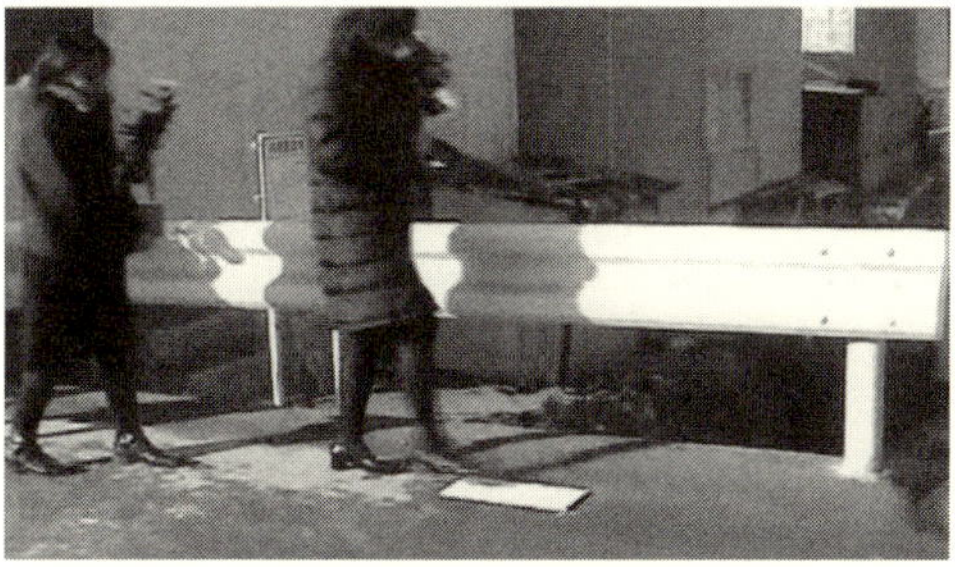
三途の川を渡る橋板

葬列は、単に死者を火葬場や墓地に運ぶと言うのではなく、亡くなった人が遊んだ山や川、働いた田畑を通って別れをすることであり、亡くなった人に最後の幸せを贈るという意味もあるので、細い裏道を通らず、遠くなっても表通りを列を組んでいくものであるという。

恥ずかしいとか、面倒だとかで消してはならない伝統文化としての価値を、地域の方々も認識してほしいものである。

第三章　岩手の民俗芸能から

岩手の鹿踊り

鹿踊りと書いて「ししおどり」と読む。

獅子踊り、鹿踊り、鹿子踊りなどとも書く。それらは岩手県内各地方に散在しているが、地区民に親しみがあり、且つ重要なしし（鹿）頭をかぶって踊る念仏踊り風の芸能である。岩手県内での鹿踊りは太鼓踊り系と幕踊り系とに分けることができる。太鼓踊り系は花巻市や江刺市に多く、幕踊り系は遠野市以北に多い。

（太鼓踊り系と幕踊り系の比較）

	地域	囃し方	踊り方	歌詞	かしら	背中
太鼓踊り系	県南型	自分で	太鼓は腰につける	自分で歌う	本物の鹿の角	長いササラ
幕踊り系	県北型	別の人で	幕で煽りながら踊る	囃し方が歌う	仮面の造形の角	カンナガラ

一　太鼓踊り系

太鼓踊り系は、宮沢賢治の詩に出てくる。花巻市の春日流、江刺市の行山流などがある。笛などのお囃子がなく、腰につけた締太鼓を自分で打ち、自分で歌い、且つリズミカルな踊りを展開する。

権現型の大きな獅子頭に本物の鹿の角をつけ、腰から背に高く立てたササラ（腰さしともいう）は、御幣を表徴しており、その、たわむ動きの大きさは見事である。素朴さの中に高い風格を兼ね備えており、江刺市はその宝庫である。

鹿踊りの由来は、奈良の春日大社にゆかりがあるといわれ、流派もいろいろある。

もともと、五穀豊穰・悪魔退散を祈り、供養と慰霊の心を盛り込んだ踊りであるが、野生の鹿の群れ遊ぶ様子には、人間の感情を移入したような表現があって心を引きつける。

太鼓踊り系鹿踊りの演目には「一番庭」「二番庭」など基本の踊りのほかに、「牝鹿かくし」・「案山子踊り」・「十三《とさ》」などの「狂い」が十種以上もある。

「狂い」は、ドラマ性があって興味をもつし、しぐさの中で、鹿の驚き、安心、愛情、争奪、悲しみ、喜び、などの表現が、狂言風で面白い。

①**牝鹿かくし**は牝鹿を牡鹿たちが隠し奪い合う踊りで、怒り狂うさまや、慈しむさまが細かく、

わかりやすくて楽しい。

②**案山子踊り**は、鹿たちが案山子を猟師と見誤って、こわごわと近づいて見ながら、最後には案山子と分かり、遊びたわむれる踊りで、笑いをさそう場面もある。

③**十三**は、若い鹿が大海原へ独り立ちする様子を表わしている。太鼓を打ちながら勇壮に踊る「ひとり舞」であるが、千鳥足風の足さばきが美しく、秘曲といわれるほど高い技術が要求される踊りである。

また、神事・仏事・慶事などにはそれぞれの礼式によって儀式が行われる。

私が参加したのは東日本大震災の追悼式で、花巻市の春日流「上《うえ》の山鹿踊り」の供養の儀式である。会場のステージに組まれた祭壇の中央に「天照大神」その左右には春日・塩釜の両大神を祭り、各々に供え物をあげ、その下に踊り手の鹿頭を左右に置き中央と左右に燈明をたて、厳粛な雰囲気ができあがった。

祭壇前で玉串奉奠等が終了して、踊り手たちが正面に向い両膝をつきながら鹿頭をつける。壇上では大災害で亡くなった人々への供養の歌が歌われる。終わりに太鼓をたたきながらステージから降りていく。

供養の儀式は一般の人々に見せるものではない特別なものだから写真撮影も許可されなかったが、太鼓踊り系鹿踊りの珍しい演目にふれることができた。

釜津田の盆踊り（小学校校庭）

釜津田雄鹿（中学生が扮する）

二　幕踊り系

幕踊り系は遠野の青笹、岩泉の釜津田、田野畑の菅窪《すがくぼ》、一戸の根反、川井の関根などがある。笛や太鼓の囃子方が、踊り手とは別にいて、踊り手はその囃子に合わせて、からだを覆っている幕を煽って踊る。

仮面がかなり写実的な顔で親しみがある。

頭につけるザイ（頭髪）は木を鉋《かんな》で薄く長く削り採ったものを束にしたカンナガラで、頭から足下まで垂らして踊る様子は、聖なる山の霊の出現を思わせる。

太鼓や横笛のにぎやかな囃子を使用した独特の野外芸能として県北部全域に伝承されている。

幕踊り系鹿踊りで珍しいのが「菅窪鹿踊り・剣舞」（下閉伊郡田野畑村）である。

由来書では「鹿島鹿踊り」の流れをくむといわれ、建久二（一一九一）年領主として武蔵国秩父から田野畑村大芦地区に入った畠山氏一族が伝えたものである。天保元（一八三〇）年大芦地区第一の踊り手といわれ

菅窪鹿踊り

早変わり後の剣舞

た大工の常五郎が菅窪地区に移り住み、ここで多くの人々に鹿踊りを広め、菅窪に定着したもののようである。

この踊りも昭和のはじめ頃から終戦直後までしばらく活動が停滞した。しかし、踊り自体は集落内の雷電神社の別当である畠山憲一氏が体得していた。

昭和四十三年に集落の全戸加入で保存会を結成し、伝承活動が開始された。

この芸能の特徴は、鹿踊りと剣舞の早変わりである。踊り手は前の演目が終わるごとにステージ上で短時間で衣装を着け替え、一人で二つの芸能を一度に踊るというものである。

集落に伝承館がある、屋根の両側には鬼瓦でなく鹿頭がとりつけられて周りを見渡している。

踊り組は八人、囃子組は太鼓二・笛一・鉦一・口上一の五人、剣舞での「大念仏」では二人一組で十四人となる。

鹿頭の顔は写実的であるが、角は細身で板の作り物であり牝鹿には角はない。剣舞での持ち物は、太刀・なぎなた等で隣町岩泉町の「七《なな》

駒踊りに似た剣舞

ステージで早変わり着替え

頭舞《ず》」の持ち物とよく似ている。また、馬のつくりものを腰につける役もあり、洋野《ひろの》町の駒踊りに似た踊りであった。
この鹿踊りは盆の精霊供養の踊りをする念仏踊りの側面も有り、慰霊を目的の踊りであっただろうと思われる。
いつの時代にか剣舞や駒踊りの踊り手が少なくなって、その形が吸収されたものではないかとも想像される異例の芸能である。
その他、岩泉町釜津田地区でお盆に行われる「釜津田鹿踊り」の演技力は、人間が鹿になって踊っているように妖艶で、秘境の里の絶品である。

三　その他の形

川井村小国地区に伝わる「関根麒麟獅子踊り」は、頭の中央に角が一本しかないのが特徴で、全国的にも珍しい形態である。空想の動物の麒麟が空を飛ぶように、羽根を意味するような飾りを腰に付け、躍動感あふれる踊りを、土地の小学生が受け継いでいる。

県南型・県北型どちらでもないのが、盛岡市の「山岸獅子踊り」で

山岸獅子踊り雌鹿の頭

山岸獅子踊り
（郷土芸能フェスティバル）

ある。これは山梨県から南部町の殿様に従って入ってきた移入芸能で、岩手県でただ一つのものである。

盛岡市の鎮守である盛岡八幡宮の祭典では神輿渡御に参加できる格式の高さをもっている。また、旧南部家の別邸（現在の盛岡市中央公民館）に高貴な方々が御来盛の折に宿泊された場合には幾度も上覧の栄に浴している。戦後昭和三十四年から八年ほど中断したが、地元の有志の熱意と山岸小学校の理解と協力により中学生を中心に継承活動を行っている。太鼓をつけるところは県南型のようだが、位置が違う。白足袋に草履履きなので、ダイナミックな動きはできない。

装束から受ける感じは遠野の踊りに似ているが、カンナガラはつけない。御幣のようなものをつけて、頭は風に吹かれた張り子の虎のように左右に振る。優雅な動きの踊りである。

多賀神楽江戸舞

盛岡市の多賀神楽と呼ばれるものは、盛岡市大清水多賀《おおしみずたが》に鎮座していた「多賀大明神」に付属した神楽である。

『目でみる盛岡今と昔』（盛岡市公民館、昭和三十九年）によればその由来は次のようである。

盛岡藩十代（南部藩三十六代）利敬（としたか）公は、文化三（一八〇六）年に馬町神楽《うままちかぐら》に都会的芸風を入れようと思って、多賀神楽の人々を、藩の費用で江戸に一年間留学させ、江戸神楽を修業させて持ち帰ったものである。

「江戸舞」とは本来の多賀神楽ではない、と断わったものである。

この神楽の特徴は、

（一）演劇の要素の強い無言狂言であり、笑いを誘う場面などがあること。但し無言劇とは言っても大蛇退治の終幕にだけ「八雲たつ出雲八重垣つまごみに八重垣つくるその八重垣を」の歌が胴前によって唱えられること。

(二) 舞い人はお面をつけていること。
(三) 山伏神楽では幕を上げて中央から舞台に出るが、この神楽では上手から入退場をすること。
(四) 背景幕は能狂言の松羽目に近い模様であること。

である。

江戸で習得した江戸里神楽十二座は、それ以後藩主の厚い庇護を得て、盛岡藩至宝の神楽として育ってきた。文化五(一八〇八)年二月に多賀神楽のお旅所である榊山稲荷神社に奉納された絵額十二枚は現在盛岡市大宮地区の大宮神社に保存されている。これには江戸で学んできた十二演目が描かれており、往時の多賀神楽をしのぶことができる。

この江戸里神楽を移入した南部利敬公の考え方について、昭和九年十一月二十三日の岩手日報に掲載された記事の中で次のように述べられている。

「南部利敬公の文化政策は、他国の芸人を呼ぶことよりも自分の国の芸人を直接江戸に派遣して芸能習得に当たらせたことに特徴がある。この多賀神楽江戸舞のほかに、盛岡市の旧青物丁(現仙北町)にあった『七軒丁の芸能集団』は江戸に出て獅子舞や三河万歳を習得し、正月に家々を回って歩いた」ということである。

このように江戸舞が注目されてきたので多賀神楽では従来から舞っていた演目を「地神楽」と呼んで区別している。

玉を持つ姫

舞台の背景幕

なお地神楽は現在盛岡市の大宮神社の大宮神楽や二戸市の呑香《どんこう》稲荷神社の神代神楽に伝承されている。江戸舞神楽は昭和四十年ころ一時衰退したが盛岡市の劇団「詩人部落」（代表淵向峰生）が再興して、平成八年の全国神楽大会（大迫大会）でみごとに発表できた。そのときの演目は「玉取り」と言う曲で、無言劇ではあるがあらすじがよくわかって大拍手であった。この「剣玉の舞」（通称　玉取り）は、神話「天照大神と須佐之男の命の剣玉の誓約」であるとプログラム解説にあるが、内容は大分異なっていた。舞台には、まず姫が玉を奉持して登場し舞台を三廻りして控える。そこへ鬼が出てきて黄金の玉を奪おうとする。玉は手のひらに乗る大きさである。

鬼はタッツケ袴をつけ白髪に角の無い人間の老人風のお面をつけて、狂言の「太郎冠者」が裃を脱いだような装束である。鬼は黄金の玉を欲しくて、姫の前に立って両手を重ねて「ちょうだい」の仕草をしたり、左右の側面から玉を奪うタイミングをねらう仕草がユーモラスである。そっとそっと少しずつ追いついて姫の手からついに玉を奪うと、その玉を地面に置いて玉の廻りを舞い踊る。巫女のお面が寂しそうに見えた。鬼は他人に見られないようにフトコロに玉を隠す。そこに鐘馗が出てきて鬼から黄金の玉を取り戻して姫に渡すと、舞いながら鬼を取り押さえようとする。

鬼は鐘馗と顔をあわせないように逃げ回るが捕まって馬乗りに押さえられ「ゴメンナサイ」と手を摺り合わせる仕草が観客の笑いを誘う。

玉を持つ姫と鬼

馬乗りから離れて、舞台上手で居眠りをしているような鐘馗に、鬼は、隠れ笠、隠れ蓑で身を隠して藁でコヨリをつくり鐘馗に近づく。鐘馗は鼻をくすぐられても眼をさまさなかった。鬼は鐘馗を嘲笑し、また姫から黄金の玉を取り返して逃げる。

鐘馗が眼を覚まし鬼を捕まえ、隠れ笠や隠れ蓑を剝ぎ取られ透明人間でなくなった。鐘馗は玉を取り返し姫を守護して退場す。鬼はボロボロ涙を流す。それを手に溜めコックリ飲む。そして悲しみを舞う。舞台上手から退場する際に遠くに行ったようすを腰を落として背を低くして表現する。

お囃子の笛は一本だから、鼻くそを丸めて飲み込む動作に合わせた見事な演奏に感心した。また、締太鼓も細い桴を使って乾いた音で微妙な様子を表現し、片面叩きをするため心情の変化も見事に表現した。

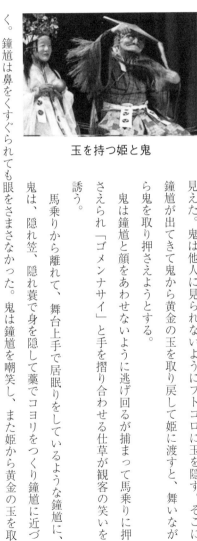

劇団「詩人部落」のメンバーも八十歳半ばを過ぎ、淵向峰生さんは継承がむずかしくなっていると話している。

第四章　昭和から現代へ

郷土芸能を学ぶ子どもたち

岩手県は郷土芸能保存会の団体が多く、その中にはスポーツ少年団のように小学生の頃より保存会の会員になっている例もある。また小中学校等で学校を挙げて郷土芸能の学習に取り組んでいる学校も多い。

岩手県文化財愛護協会では学校における郷土芸能等の学習の実態を把握するために、平成十年度と平成十二年度の二年間県内の小中学校等の実態調査を実施した。

全体的には学校教育活動で郷土芸能を取り上げる学校が減ってきている。特に都市部では小学校に比べて中学校で郷土芸能学習を実施していない学校が増えている。また、盛岡市内の小学校でも、近年観光行事として盛んになった「盛岡さんさ踊り」の影響で分類上の「盆踊り系」が多くなっている。

一　アンケート調査から

（一）　郷土芸能を取り上げている学校

郷土芸能を取り上げる学校数が小学校でほぼ六割、中学校ではほぼ四割になっている。
平成十年度では小学校六七・五％　中学校では五三・三％
平成十二年度では小学校六七・一％　中学校では四四・五％が取り上げている（『県内小・中学校と郷土芸能』岩手県文化財愛護協会）。

（二）　郷土芸能学習の継続年

郷土芸能の学習に取り組んでからもう四十年以上継続している学校もある。

継続年数	小学校	中学校	総計
一～一〇年	七〇校	二〇校	九〇校
一一年～二〇年	九七校	二八校	一二五校
二一年～三〇年	六九校	一三校	八二校
三一年以上	一五校	一二校	二七校

この表から見ると継続年数十年を超える学校が二〇〇校（全体の六割）以上ある。ちなみに、小学校で最も早いのは江刺市の田原小学校で昭和三十六年から、中学校では北上市の北上中学校で昭和三十一年からである。北上中学校の「鬼剣舞」では教科の授業の中でも鬼の面を作るなど、踊り

学校が取り組んでいる郷土芸能の演目（平成13年度・岩手県教委調査の結果）

地区校種	盆踊	神楽	剣舞	鹿踊	鶏舞	田植踊	駒踊	御祝	太鼓	その他	実施校	未実施校
盛岡地区小	45	9	5	1	0	3	2	0	6	5	76	43
盛岡地区中	10	0	1	2	0	1	0	0	1	0	15	32
花巻地区小	2	9	0	1	0	4	0	0	1	2	19	9
花巻地区中	0	3	0	0	0	0	0	0	1	0	4	9
北上地区小	6	4	11	0	0	3	0	0	0	2	26	6
北上地区中	3	0	4	0	0	0	0	0	0	1	8	7
水沢地区小	0	11	6	3	1	3	0	0	5	3	32	12
水沢地区中	0	1	3	1	0	3	0	0	2	2	9	4
一関地区小	1	1	0	1	10	0	0	0	1	1	15	8
一関地区中	0	2	0	0	5	0	0	0	1	0	8	6
千厩地区小	0	10	1	0	7	2	0	0	2	3	25	7
千厩地区中	0	2	0	0	1	0	0	0	1	0	4	6
大船渡地区小	0	5	8	1	0	0	0	3	3	6	26	8
大船渡地区中	0	2	5	1	0	0	0	1	1	2	12	7
釜石地区小	0	2	0	7	0	0	0	0	0	0	9	5
釜石地区中	0	3	0	1	0	0	0	0	1	0	5	3
遠野地区小	0	2	0	4	0	0	0	0	0	2	8	14
遠野地区中	1	1	0	4	0	1	0	0	0	1	8	9
宮古地区小	14	9	8	7	0	1	0	3	1	9	52	21
宮古地区中	2	4	3	4	1	0	0	0	1	0	15	13
久慈地区小	10	6	1	0	1	0	41	0	1	6	29	17
久慈地区中	2	1	1	0	1	0	2	0	0	2	8	12
二戸地区小	5	6	1	2	0	0	0	0	2	2	18	19
二戸地区中	2	3	0	0	0	0	0	0	2	1	8	10
小学校合計	83	74	41	27	19	16	6	6	22	41	335	169
中学校合計	20	23	18	12	8	2	1	1	11	9	104	118
小学校実施率　66.4%（前年 61.8%）												
中学校実施率　39.2%												

だけでなく総合的に学習していた。
学習活動開始の年の古さは、後継者不足の問題と学校行事における集団演技の考え方の変化が影響している。

㈢　取り組んでいる芸能の種類

平成十三年度・岩手県教育委員会のアンケート調査の結果によると、盆踊り系一〇三校、神楽系九七校、剣舞五九校、鹿踊り系三九校、以下表（前頁）のように多様である。

この調査では幼稚園や保育所は調査対象にしていないが、筆者の調査によればいくつかの幼稚園や保育所で郷土芸能を学習し、発表の機会をもっている。

紫波郡矢巾町　徳田幼稚園（徳田獅子踊り）
　　北高田保育園（高田念仏剣舞）
北上市　更木保育園（神楽　しんがく）
江刺市　伊手保育園（鹿踊り）
洋野町　帯島幼稚園（大渡えんぶり）

幼稚園や保育所での取り組みが見られたのは地域における教育振興意識の高まりが感じられる。

（著者註　岩手県では昭和五十年代より「岩手県教育振興運動基本計画」を策定して地域の教育力を高めるための市町村独自の取り組みを奨励しており、郷土芸能の学習を通した地域づくりもその一環になっている）

一つの学校で多種目の郷土芸能の学習に取り組んでいる学校では小さい地域ごとに芸能の後継者育成の意図が感じられる。

また、地域固有の郷土芸能である「えんぶり」や「鶏舞」・「打ち囃子」などは、伝統を受け継ぐという意識が強い。

指導者として保存会が協力しているかたちが多い中で、いくつかの学校では教職員が指導者となっている。学校では学校の文化をつくると言う意識が伺われて頼もしく思った。

二　乙部中学校の場合

多種目の芸能を練習している学校の例を記すと、盛岡市の乙部中学校では昭和五十三年から活動を開始して三十年も続いている。

（一）　演目

大ケ生地区の生徒が「城内さんさ踊り」を

乙部地区の生徒が「乙部さんさ踊り」と「法領田獅子踊り」を

黒川地区の生徒が「黒川さんさ踊り」と「黒川田植え踊り」を
手代森地区の生徒が「手代森念仏剣舞」を
新山、沢目、堀越地区の生徒が「沢目獅子踊り」を
手代森ニュータウン地区の生徒が「さんさ太鼓」を　と合計八種目を練習している。

(二)　はじまり

昭和五十三年の予餞会（卒業生を送る会）で二年生がステージで「さんさ踊り」を踊って大好評を博したことが、直接の動機となった。それまでの予餞会では創作した寸劇や歌謡ショー的なものが多く、テレビなどの物まねのような出し物が主流だった中でこのさんさ踊りは異色な出し物として注目され、その新鮮さが評価されたものであった。これが郷土芸能再認識のきっかけとなり、翌昭和五十四年度には教育計画の中に位置づけられ、本格的な取り組みが始められた。当時は学習指導要領の改訂で授業時数のなかに「学校創意の時間」が設けられた時期であり、乙部中学校では特別活動と学校行事の内容として郷土芸能への取り組みを開始している。

(三)　活動の中で目指したこと

一、郷土芸能の伝承活動を通して郷土芸能の素晴らしさを知ってほしい。

一、自分たちの郷土に対する理解を深め、郷土を愛する気持ちを育てたい。
一、地域活動の中で、父母や地区民から節度や礼儀の大切さを学んでほしい。
一、共に郷土芸能に取り組むことを通して、自主的な態度を身につけ生徒相互の人間関係がよりよいものになってほしい、等であった。

(四) 実践の概要

一、年間計画の策定と基本方針の決定(四月)。
　発表会の期日、日程、種目数、全員参加の取り組みなどの決定。
一、基本方針の具体化(四月)。
○PTAへの協力依頼の働きかけ――理事会を経て総会で方針の提案。
　「学校便り」による父母への広報活動。
○生徒会の活動　・執行部の文化祭原案作成と取組体制作り(七月)。
・地区集会での演技種目の決定と練習計画の立案。
(地区担当教員による指導者への協力依頼、地区PTA理事と生徒代表で、指導者との練習打ち合わせをする)
・各地区での練習(八月〜十月)。

・練習期日と時間の原則（土・日の午後二時間程度、夜は九時には終了する）。
・学校での練習は十月の発表前の十日間程度とする。

（五）　発表会実施後の評価

◆学校としての評価

地域との連携が図られた。

地域住民の郷土芸能に寄せる期待や関心が高く、郷土芸能を通して、学校教育に関心が高まり、協力が得られた。

校外における活動の健全な発展に寄与している。

教室での授業では発揮されなかった生徒の長所の発見や個性、能力の伸長に役立っている。

郷土芸能への取り組みが深まるにつれて、生徒の熱意や真剣味も強くなり、それまでの問題点であったシラケムードが払拭された。

◆生徒の評価（生徒会のアンケート平成十五年度による）

	生徒への質問	生徒の答え	パーセント
1	積極的に練習したか	積極的だった 積極的でなかった	八一% 一九%

2	踊って楽しかったか	楽しかった 楽しくなかった	五八% 四二%
3	来年もあればよいか	あればよい ない方がよい	五八% 四二%

◆父母・地域の評価

指導者の熱意と奉仕的態度に敬服させられた。

地域に定着した感があり、楽しみにしている住民も多い。

練習を通して、親子のつながり、指導者との人間関係が深められている。

新たに地域に入ってきた転校生も、練習に参加することにより、地域になじみ、ふれあいが深まった。

(六) 課題

学校と郷土芸能の指導者や保存会等との連携をより密接にしていく。

生徒の郷土芸能に対する理解を深める指導を研究する。

父母や地域住民の郷土芸能に対する要望を今後の教育計画に位置づける。

父母の経済的な負担の問題、衣装や道具の貸借の問題の解決を図る。

在学青少年の地域参加育成の視点に立ち、郷土芸能の伝承活動推進について、関連機関や諸団体との連携を図る（諸行事の調整など）。

（七）　改善したこと

郷土芸能発表会は文化祭（十一月）とは別に夏休み終了後出来るだけ早く実施して、他の行事との重複を避けるようにした。

地区ごとの練習は八月のお盆前の一週間を集中して実施するように努力する。

そのほか、衣装の簡素化や練習時間を夜にかからないようにするなどを実現した。

（八）　夏休み中の具体的な取り組み

地区行事的な活動として五日間程度の練習会を計画した。

練習時間を一五：三〇～一七：〇〇とし、場所は各地区の公民館等とした。

夏休み中の練習では三年生が一・二年生を指導し基本的な踊りを習得するようにした。

さて、乙部中学校のように二十年も継続して実施してきた学区の様子が、新興住宅団地の増加に伴い住民や生徒の意識の良い変化となって見られるようになっている。

学校生活の中で取り組んだ芸能は将来的に後継者になるものとは考えないが理解者にはなるであろう。　それは、芸能が継承されてきた長い年月、地域の神仏祭祀信仰とのかかわりが薄い中での経験であるからであろう。一方、学校の運動会や文化祭などで成果を発表してきたということは生徒と父母や地区民との結び付きを強め、地域づくりの力になっていることの効果は大きいものがある。

三　普代村《ふだいむら》の場合

伝承芸能の学習を通して地域の教育力を高めようとする普代村の取り組みは小さな村での場合は有効であった。岩手県下閉伊郡普代村では村内の小学校と中学校が、村の郷土芸能の「鵜鳥神楽《うねとりかぐら》」の「綾遊びの舞」を普代小学校が練習し、「三番叟」と「榊葉の舞」を堀内小学校が練習し、「みかぐら」を鳥茂渡小学校が練習し、更に「矢太寿」「七つ門」を黒崎小学校が練習し、普代中学校が「七頭舞」を練習している。

四　岩泉町小本《おもと》小学校の場合

岩手県岩泉町小本地区の海岸近くに建つ小本小学校の建物は山の陰にあって、直接海は見えないが海岸から学校までは三〇〇㍍《メートル》ぐらいしか離れていない。

小本小学校には中島分校。中里分校、大牛内分校があって、それぞれに「中野七頭舞」「中島七ツ舞」「中里七頭舞」「大牛内七頭舞」が伝承されている。

分校の児童数減少により三つの分校はすべて小本小学校に統合された。

小本小学校では昭和五十三年に民舞クラブを結成して伝承活動を続けているが、平成になってから逐次分校が統合され統合前に地区で伝承活動をしていた児童たちは小本小学校での「中野七頭舞」の練習日には別室でそれぞれの地区別に児童が集まって練習をしてきた。

小本小学校の七頭舞発表会には多くの町民が参加して全地区の「七頭舞」が発表され、名前は「七頭舞」だが踊りは勿論衣装や持ち物が少しずつ違って興味深い発表会になっている。本校の練習は保存会長が学校で指導し、分校地区での練習は地区の人々が夜に集まって練習していた。

学校の教育活動としての郷土芸能への取り組みは東日本大震災で多くの被害を蒙った。しかし、取り組みを中止した学校はない（現地での聞き取り調査による）。むしろ内陸部の学校との「横軸連携事業」の中で発表の機会を設けて励ます活動が、今後の継続へのエネルギーをつくっていた。

津波の歌

正式名称は、「岩手県昭和震災記念歌　慰霊の歌・復興の歌」であるが、歌碑に刻まれた歌の歌

津波歌碑

い出しが「大津波くぐりて〜」であったから、慰霊の歌と復興の歌の二曲をあわせて通称「津波の歌」として歌い継がれてきた。岩手県では三月三日を津波記念日と制定して県内すべての小学校等でこの歌を歌い、津波基金の募金をし、沿岸部の学校では避難訓練なども行ってきた。歌や避難訓練は軍事色が強まるにつれて消えていったが、東日本大震災を機にこの歌を歌い継ごうとする動きがみえてきた。

津波の歌は、『岩手県昭和震災誌』（岩手県編、昭和九年）の中に「県撰津波記念歌」として歌詞だけ掲載されている。

「慰霊の歌」　亡《なき》き魂《たま》は　千尋《ちひろ》の海に　鎮《しず》もりて　栄えゆく代《よ》の　柱たるらむ

「復興の歌」　大津波くぐりて　めげぬ　雄心《こころ》もて　いざ追ひ進み
参《ま》ゐ《い》上《のぼ》らまし　参《ま》ゐ《い》上《のぼ》らまし

昭和三陸大津波とは、『岩手県昭和震災誌』によると、一九三三（昭和八）年三月三日午前二時三十一分に岩手県の東方沖約二百キロ、日本海溝真下のプレート内部で起きた巨大地震。マグニチュード（M）は八・一、地震発生後三十分程たってから大津波が押し寄せた。津波は一回だけでなく何度も襲い、場所によっては高さが二十メートル以上に達した。岩手県を中心に家屋約七千戸が流失・倒壊し死者・行方不明者は三、〇六四人。中でも田老町（現在の宮古市田老町）の被害が最も大きかった。当時の田老町役場によると、津波の後に多くの短歌が詠まれたという。

田老町をはじめ沿岸各地に記念歌の歌碑が建立されていたが、歌碑の歌詞はすべて、慰霊の歌でなく、「復興の歌」「大津波くぐりて……」であった。この歌碑も平成の東日本大震災によって田老海岸・田野畑村島越《しまのこし》海岸・久慈市久喜浜海岸等の歌碑は瓦礫となった。

震災後の七月岩手県下閉伊郡田野畑村の中嶋昭男は流された歌碑の前で「道路の切り替え工事のため道端の高い場所に移動したのに、それでも流されて残念。残るは墓地にある明治の記念碑と昭和の歌碑だけになった」と話してくれた。

記念歌「慰霊の歌・復興の歌」は、当時の岩手県知事石黒英彦《ひでひこ》作歌。作曲は当時の岩手師範学校の教官・新野《にいの》仁助《にすけ》と津田《つだ》昌業《まさのり》が担当した（楽譜参照）。昭和十年に曲が完成し毎年三月三日の津波記念日には全県の小学校の全校集会等で歌われていた（筆者の聞き取り調査による）。

しかし、前述のように学校では軍事色が強まってきてからは次第に全校集会などでは歌われなくなってきたが、当時の小学生だった人たちの中には今でも歌える人がいる。

筆者は歌碑の近くの住民にどんな歌だったか聞いてみたが、現在八十歳以下の人はほとんどメロ

慰霊の歌

石黒　英彦　作歌
新野　仁助　作曲

復興の歌

石黒　英彦　作歌
津田　昌業　作曲

ディーを知らなかった。知っている釜石の人も途中までしか歌えなかったし、歌詞の漢字はわかっていなかった。

たまたま『普代村誌』の一部分に資料を提供した「鎮魂の歌」と「復興の歌」の楽譜を見つけた（『普代村誌』平成十五年四月、岩手県普代村発行）。

平成十六年二月。この楽譜をもとに、筆者が指導している合唱団「ポピー歌の会」が歌って録音テープを作成、津波記念歌を風化させたくないとの思いで無償配布をした。

その時の配布希望者から昭和大津波の経験を語ってもらった。

◇盛岡市永井　三浦正己氏

私は旧気仙郡唐丹町（現釜石市唐丹町）の出身で昭和八年三月三日は小学校入学の年でした。数え年八歳でしたが、あの日の朝の光景など忘れられません。その後小学校高等科時代は三月三日には必ず「盛岩寺」脇の歌碑の前で合唱したものでした。

◇田老町　扇田フミさん（七十五歳）

三歳で三陸大津波に遭遇した私たちは小学校に入学すると毎年三月三日には「三陸大津波海嘯碑」という大きな墓標の周りに全校児童が集合し二つの歌を歌いました。「慰霊の歌」・「復興の歌」を歌うと子ども心にも胸がいっぱいになりました。

◇盛岡市　佐藤秀司氏（七十九歳）

私たち夫婦は山田町（旧船越村）出身で津波当時私は小学一年生でした。午前二時頃の地震で家族全員が飛び起きました。私の家に電気会社の電話機がありましたので、父が山田、大槌方面へ電話して様子を聞いたところ「津波」とのことで、おとなたちは近所に呼びかけて逃げ、私も兄と一緒に山に逃げました。小雪の舞う寒い夜でした。朝に山から下りると、集落は跡形もなく倒壊、流失しておりました。親類の家では曽祖母が「今死ななければ死ぬ時がないから」と柱にしがみつき「おまえたちは逃げろ」といって自分は逃げなかったとのことでした。捜索したら倒壊した家の下で泥まみれで生きておりました。九十歳を過ぎておりましたが、その後数年間生存しました。チリ地震津波の時は地震がなく突如として津波がきたので大変でした。このときも大槌町で被災しました。この歌を聞くと当時のことが思い出されます。

岩手県沿岸部の小学校百周年記念誌に残る三陸大津波の記録

◇岩手県大船渡市立蛸浦《たこのうら》小学校創立百周年記念誌

明治二十九年六月五日午後八時七分轟雷の如き響きをなして大津波押し来たり、わずか十八秒間に本村沿岸四五七名の溺死者を出せり。二十～三十メートルも有らんとおぼしき黒山のような津波が一瞬の間に沿岸一帯七十里《り》（二八〇キロ）のすべてのものをひとなめにしてしまった。見渡す限り荒涼たる泥海と変じ、屍累々と重なり合っている。当校も流失し、其有る処をしらず。

◇岩手県岩泉町立小本小学校創立百周年記念誌

昭和八年の津波当時私は小本小学校の教員だった。校舎は流れなかったが栗谷川アサ先生と児童十三名が亡くなった。青年達が栗谷川先生の遺体を運んできてくれた。学校には誰もいなくて、私は先生の遺体を一人で洗った。

この地方の老人達は津波とユダを区別している。地震が起きた後の大波を津波と言い、地震の前ぶれなしにくるものをユダとしている。

（小本小学校元教員　竹花功）

昭和八年三月三日私は小本小学校一年生。満七歳の子どもの体験としてはあまりにも恐怖の極みであった。まだまだ寒さの厳しい早春の未明、物凄い地震があった後、突然「津波だ逃げろ」の声に足袋はだし（外履き用足袋）のまま人の流れの中を潜り抜け墓所まで駆け上がった。我が家は跡形もなくなっていた。担任の先生も亡くなられた。友達も何人か失った。ただただ呆然として記憶も定かではない。

当時は男も女も「きもの姿」で通学していたが津波の見舞い品の衣類は洋服類が多く、非活動的な和服から洋服姿で活発に飛び回る学童に変っていったのは大津波がもたらした転機であった。

（小本小学校卒業生　三浦清治）

◇岩手県上閉伊郡大槌町立大槌小学校創立百周年記念誌

生涯忘れることの出来ぬ昭和八年の三陸大津波、私が小学三年生の時でした。其の頃は激震、中震の続く毎日でしたが、三月三日未明の地震は震度六で歩くことも出来ません。誰か外で「どこから津波がくるものか、このばかやろう」とどなる声もします。

家族を捜し求めるあの姿、泣き声、町の中の公民館前まで大型船が打ち上げられ、その船の下から見えたむざんな妊婦の姿に目をそむけ、お寺に運びこまれる死骸に大人のまねをして手を合わせたものです。私の家も流され親類にお世話になりましたが「江岸寺」のお墓がまるみえで恐ろしくて眠れなかったものです。

（大槌小学校卒業生　伊藤信子）

この度の東日本大震災を機に昭和震災記念歌を再び記録してＣＤに製作して無償配布することが全国紙に紹介され、二百枚ほど希望があった。

希望する理由を書いた人の声では、

①そんな歌があることを知らなかったので聞いてみたい
②被災者だが仮設住宅の人々と正確に覚えて歌いたい
③慰霊の気持ちをこめて一周年記念式典で歌いたい
④図書館で貸し出しをして広めたい
⑤音楽療法の教材として使いたい
⑥学校で歌いたい
⑦修道院だが鎮魂の歌として歌いたい
⑧タイ国には洪水の歌はあるが津波の歌はない
⑨合唱団のレパートリーとして歌いたい

などであった。

日本国内でも「津波関連の歌」がない。岩手県にある理由は岩手県が津波被害が多かったため防災教育資料として作成したのではないかとも思われる。

ちなみに、岩手県に関係する津波の記録は、『理科年表』（東京天文台編）によれば　貞観十一（八六九）年マグニチュード八・六。　明治二十九（一八九六）年マグニチュード七・六。昭和八（一九三三）年がある。

公的機関として「津波の歌」を欲しいと希望したところは、防災科学技術研究所、私立大学、各種図書館博物館が資料収集したいと希望があった。外国からは米国ワシントン大学シアトル校図書館が世界の図書館に情報として流したいという希望もあった。

東日本大震災一周年記念行事としては岩手県宮古市の慰霊祭で宮古市立津軽石中学校の全校生徒が歌った。

震災で多くの地域文化が被害を受けたが、「慰霊の歌・復興の歌」は細々と約七十年間歌い続けられていたことを嬉しく思う。

解説

小島　美子

著者佐々木正太郎氏は、昭和六（一九三一）年岩手県久慈市のお生まれで、長い間中学校で音楽の教師として勤められた。その間にも著者自身が「あとがき」で述べられているように、昭和三十（一九五五）年から民謡やわらべ歌の調査を始められた。

その翌年昭和三十一（一九五六）年頃から日本はいわゆる高度成長期に入り、農村漁村の社会構造にも変化が起こり始める時期である。また農業や山林業・漁業などの道具も機械化され始める時期でもある。それにつれて日常の仕事の仕方や生活習慣、村の行事なども変化し始めるが、ただその影響はゆっくりと、しかし人々が余り意識しないうちに何時の間にか進んでいくという状態であった。だからこそこの時期の民俗・民俗音楽や民俗芸能の調査や記録は、ひじょうに貴重である。とくに岩手県は東北六県の中でも山地が多く、経済的にも恵まれているとはいえない条件の中で、かえってゆたかな民俗文化が育くまれていた。岩手の民俗というと、遠野を思い出される方が多いが、遠野だけではない。岩手は民俗のふるさとのようなところである。

恐らく著者はそれを感じておられたのであろう。それにしても今とちがって、クラシックだけを学び、それを教えればいいと思われていた音楽の教師が、著者の「あとがき」にあるように、ひまさえあれば民俗文化、とくに民俗音楽を訪ね歩かれた。世間的には一文の得になるわけではない。ある時私が「その頃は変わり者と思われていたのじゃないですか」と佐々木氏にお尋ねすると、大笑いされて否定されなかった。ただ著者は後には校長になられたり、岩手県教育委員会で指導的立場にたたれたりしたこともつけ加えておこう。

私は著者とお話する度に、その誠実で謙遜な人柄に暖かさを感じ、また調査されてきた内容から教えられることが多く、それを多くの方々にお伝えしなければと思うようになった。実はそれがこのシリーズを思い立ったきっかけである。

以下各項について解説する。

第一章　岩手の歌から

岩手県の盆踊り歌

岩手県の盆踊り歌には「ナニャトヤラ」系と「さんさ踊り」系があることは、大体知られていたが、佐々木氏は各市町村をていねいに調べ上げて盆踊りの分布図をまとめられた。二回にわたった市町村合併以前の昭和二十七年に作図された貴重な分布図である。

文の上では北緯四〇度付近で「ナニャトヤラ」と「さんさ踊り」の分布が分かれると述べられている。その線を分布図で見ると、「さんさ踊り」の分布は、東は現在の岩泉町小本から始まって北上し葛巻町まで囲い込み、西は松尾村に至る線である。佐々木氏が「かつて南部藩領内の大部分ではナニャトヤラが踊られていたのではないか」「さんさ踊りは、盛岡藩になってからは奨励されて広ま」ったと述べられているのは重要な指摘である。実際に分布図をよく見ると、滝沢村・沢内村など四か所はさんさ踊り圏の中でも「ナニャトヤラ」を踊っている。これも著者の言を裏付ける資料である。

「ナニャトヤラ」については古くからさまざまな説があり、それを紹介されているが、著者ははっきりとした結論は出しておられない。それで解説者としてはいささか出過ぎであるが、私なりの見解を述べさせていただく。ナニャトヤラ以下のことばは恐らくこの地方の方言が基になっている。この踊りはたとえば沖縄の「カチャーシー」や九州西部の「ハイヤ節」などのように、何か嬉しい時などに自然に自由に躍り出したものが基になっている。したがって歌詞も即興的に作ったり、以前からある歌詞の中からその場にふさわしい歌詞を選んで歌ったり、歌垣的なやりとりもあったと考えられる。その意味でこの歌と踊りはきわめて貴重であり、将来に伝えていただきたいと思う。

「ナニャトヤラ」はこのような性格から曲名も「ナニャドヤラ」「ナギャドヤラ」などから「とらじょさま」などに至るまで多くの名で呼ばれており、それだけでもこの歌がひじょうに古く、また広く分布していることがわかる。歌詞もメロディも自由に変化していったようで、『日本民謡大観　東北篇』（日本放送協会編　昭和二十七年）には石切所村の例が四例採譜されており、『東北民謡集　岩手県』（日本放送協会編　昭和四十二年）では何と五十例近く採譜されている。しかも佐々木氏自身が採譜された三例も別のメロディであり、いかに自由に歌われ踊られていたかがわかる。これらの歌をくわしく比較分析することによって、これらが一つの所で発生して広まったのではなく、南部藩領内の人々がそれぞれ自由に歌い踊り始めたものであることが明らかになるかもしれないと思う。伴奏楽器はほとんどなく、たまに太鼓をつけることもあったという。

「さんさ踊り」は今では若い女性たちが大きな横長の締め太鼓を胸につけて音をとどろかせ、踊りながら進んで行く姿を思い起こす方も多いと思う。しかしそれは「盛岡夏祭り」に演じられるようになった新しい形である。そのため著者はここでは扱わず、伝統的な盆踊りについて述べている。これについてもこれまでの諸説を紹介されているが、著者は「私は大念仏剣舞など念仏踊り系の踊りが風流化・手踊り化の際立ったものがさんさ踊りではないかと思う」とまとめられている。

この曲については踊りの伝承・衣装と踊りの形式・門付けの区域なども述べられているが歌詞と民俗については、とくに詳しく報告されている。音楽については九例の採譜を加えて、それぞれの型についても説明されている。『日本民謡大観　東北篇』では飯岡村の例が一つあげられているだけだが、『東北民謡集　岩手県』では、歌のメロディ十種の他笛の譜が十六種、太鼓の譜が四種のせられている。

岩手の「御祝」

岩手の「御祝」といえば、近年はすっかり有名になった男女二組みが別の祝い歌を同時に歌って同時に終るという変わった合唱のことと思っている人が多い。実は私もその一人だが、まず「御祝は曲名ではなく、曲の分類上の名称である」という文に一寸一喝《いっかつ》されたような気がした。つまり御祝は祝い歌の一般名称だというのである。成程と思ったが、この項はそういう前提で読まねばならない。

岩手県は一寸まぎらわしいが、北部は南部藩、南部は仙台藩、西部は秋田藩になっているので、民俗音楽にもその違いがあるという。また海の御祝と陸の御祝では違いがあり、県南部では謡曲が歌われ、県西部では「歌の始めに『チョチョン』と手拍子が入り、途中で裏声の『ホーイ』という掛け声が入ったりする」という。この裏声については、青森県の「ホーハイ節」や奄美の島歌が有名だが、この例のように各地の民謡に部分的に使われており、古くは多く使われた可能性も今後調べる必要があろう。

また「民謡はしばしば移動する」から沿岸部でも内陸部の歌を歌ったりなど動くという。これは当たり前のように述べられているが、民謡の重要な特徴をよく知っておられる著者ならではの理解である。「実際に耳にした地区」と述べられていることも注目したい。

御祝の歌われる場面、歌詞につづいて旋律について述べているが、いかに長く引き伸ばして歌うか例をあげて示している。次に遠野市氷口の御祝として例の男女二組のおもしろい合唱について述べている。旧南部藩と旧仙台藩の境界付近に住む十四戸の小さい集落で歌われているのである。音楽的には日本ではひじょうに珍しい例だが、両藩の影響下にある人々が仲好く団結する方法の一つとして歌の役割があることには注目しておきたい。

岩手の子守歌

まず子守り奉公を経験した九十代の二人の女性の話にはリアリティがある。この生き生きとしたリアリティが、実は本書の大きな特徴である。佐々木氏が自ら歩いて集められた資料、それを大事にしてこられた佐々木氏の心が生きているのである。

子守歌には、誘いの子守歌、怖がらせの子守歌、笑わせの子守歌、くどきの子守歌があるとして、それぞれに例をあげている。

そして著者はその項の最後に次のようにまとめている。

「かつて母親たちは子守歌の即興詩人であり、乳幼児は子守歌の鑑賞者としての過程を経て育っていった。子守りをする母親たちは①夢のような気分に誘い込む歌を歌い②怖がらせる脅しの歌を歌い③笑わせて気持をゆるめる歌を歌った。しかし、いわゆる子守り奉公に出された娘たちは、子守りの辛さなどを、いわば労働歌のように歌っている。」

恐らく著者はこのことばを今の母親たちの心に静かにアピールしているのではないだろうか。私は心を打たれる。

第二章　岩手の民俗から

大槌町安瀬澤の狼まつり

東日本大震災で大津波の大被害を受けた大槌町であるが、内陸部にも広がっていて遠野と隣接している。安瀬澤地区はそういう集落の一つで、毎年二月十九日に三峰山で「おおかみまつり」が行なわれていた。著者はその祭りに実際に参加されているので、その記録は淡々と書かれているがリアリティがある。

狼は明治三十八（一九〇五）年に日本では姿を消したとされているが、狼についての祭りは驚いたことにつづいていたということである。埼玉県秩父の三峯神社は狼信仰の神社で「十七世紀に南部藩の牧に飼われている馬がしきりに狼に襲われたので、藩主は狼に遠慮を願うため、武蔵の三峯神社に鐘を送った記録が残っている」そうだ。（『日本民俗大辞典』上　吉川弘文館　一九九九年　おおかみの項）

恐らく古くは岩手県の旧南部藩領では広く行なわれていたのではないかと思われるが、近年のこの実際の記録は、狼まつりがどのように行なわれていたかを示す重要な記録であろう。『遠野物語』や『遠野物語拾遺』の狼に関する話をていねいに引用されているのは、このような狼まつりの背景にあった状況を説明しておきたいと考えられたのであろう。

盛岡市太田民俗資料館の喪屋

太田民俗資料館の建物の中に実際に喪屋があるところから、この話は始まっている。喪屋とは「家族が死亡してから葬儀の日まで遺体を納めておいた部屋のことである」という。その事例を著者はいろいろの人から聞いているが、必ずしも直接的な喪屋の例だけでなく、喪屋に通じるような、死についての人々の古くからの考え方を示す例をとり上げている。著者は次のようにいう。

喪屋は「『魂呼ばい』をし、死者の蘇りを待つ場所であった」「近代医学が発達すると、人の死は『ご臨終です』の宣告で死を認識するが、近代医学の発展以前は、近親者が、ゆるやかで、ていねいな、死者儀礼を行った。通夜をはさんで葬儀にいたる時間は死を意識するとともにその蘇生がないかどうかを待つ時間でもあった」。

魂呼ばい・魂よびなどといわれる風習は、日本のあちらこちらで伝えられていた。生の蘇りを願う考え方とその儀礼は、歴史的な支配層にある鎮魂という考え方とはずれていることを、これらの例と佐々木氏の文から改めて考えさせられる。

遠野ではミソウロウという盆供養が行なわれる。ミソウロウとは御精霊のことではないかと佐々木氏はいわれる。その形は「初盆を迎える家の新仏の墓前での墓念仏と家の施餓鬼棚前で行なわれる念仏会のことである」。

盆供養のかたち

笛・太鼓・鉦を伴奏にまず新盆の墓の前で念仏や和讃を唱え、次に新盆の家の燈籠木をめざして移動する。燈籠木とは精霊を迎えるための目印になる「高燈籠」ための竿である。そこでの「お庭誉め」の歌の時だけは、「太鼓の皮面を上にして構え、三人で上から太鼓を打つ」という。他の時は太鼓は横長に持つので皮面は左右で縦になる。ということは、この歌はこの本来の供養の念仏とは違うということを意味している。これは山伏神楽でも狂言舞の時にそういう使い方をすることがある。

このミソウロウはひじょうに仏教的色彩が強く、私の遠野についてのイメージとはずれるので不思議な感じがした。ところが実は、このミソウロウを行なっている小友地区は、伊達藩の北端にあって南部藩ではなかった。そして「ミソウロウの行事は南部藩では見たことがない。伊達藩の風習であろうか」と述べられているので、私は納得した。

久慈の四十八燈は、新盆の家では四十八本のローソクを三段に組んだ台の上につけて、新しい仏を迎える行事で三年つづけるという。面白いのは九戸村の例で、「ソウズカババア」のために一本足して四十九本にすることである。精霊があの世の番人である「ソウズカババア」に施しをするという意味だという。

盛岡市静養院の墓踊りは、寺の本堂で読経と線香で礼拝した後、二階の位牌堂に入ってさんさ踊りの献舞をし、その後墓地で初盆の墓の前などで踊る。さらに本堂前で輪踊りをするのだそうだ。二階の位牌堂で踊るというのに私は少し驚いたが、盆踊りの本来の意味はこれかもしれないと考えさせられる。

久慈市久喜浜の葬儀風習

この項は多くの頁を泣き女の報告に割いている。読者の関心を引こうとすれば、タイトルを「岩手の泣き女」とする方法もあったと思うが、著者はそういう方法をとらなかった。それには二つの意味がある。

一つは自分が育ち暮らした地域の生活を、じっと深く見つめ、それを自らが拠って立つ立場として、岩手の民俗・民俗文化・民俗音楽などの調査に当ってきた佐々木氏の基本的な調査研究の態度が現われているということである。研究者の中には、自分自身の生活とはまったく関係なく、面白そうと思った珍しいテーマにめざとく飛び付いて注目を集めるタイプもある。しかし佐々木氏の足が地についた調査研究だからこそ、他所からきた人にはわからない、人々の深い気持の動きまで理解し報告することができているのである。私も学ばねばならないと痛感したので強調しておきたい。

二つめは、泣き女は久喜浜地区の葬儀のときの人々、とくに女性たちの心情から伝えられてきた古い民俗習俗の一環として存在してきたことを、佐々木氏は伝えたかったのではないかということである。

泣き女というと、民俗学に関心ある人にとっては一寸色めきたつようなテーマである。私自身も数十年前の土佐の民俗音楽調査の際に、泣き女がいるが、今は重病で病院に入っていると聞いてがっかりした覚えがある。またある時当の佐々木氏から泣き女についての資料はどこにあるだろうかと聞かれ、私は何も答えられなかったのだが、佐々木氏は珍しいことに興味をもつのだなという位に感じていたのである。

しかしこの項を読んで、次のようなことがわかった。人々は親しい人の死を心から悼んで女の人は泣き、あるいは叫び、縁綱をもって泣きながら墓場に行くというような習慣があった。泣く人が少いと恥ずかしいからと人を頼むなどがあって、半職業的な泣き女が必要になり、貧しい農・漁村などでは職業的な泣き女も成立してくるということである。泣き女が現われる自然な成り行きが、こうして実例によって示されているのである。

さらに佐々木氏は、人々が「死者の生前の暮らしや思い出を語ったり、遺族の後悔を語ることによって、死者の弔いとしたものであろう。その背景には死者の魂を遺族に残すといった、死者の復活を祈る性質があったかもしれない」と述べられている。また「久慈市の『近親泣き』は社会的体面だけでなく、死者の魂を呼び戻すための『魂呼ばい』の意味と、弔辞的な「しのびごと」の意味をもって、ひとつの儀礼として続いてきたものである」とも述べられている。

つまり佐々木氏は「死者の魂を呼び戻す」という願いが、人々の心に深く存在することを感じとり、ひそかに強調しているのである。私もその気持を失っていたが、東日本大震災で家族を失われた方々の文には、この願いが現われていることを思い出した。日本人の心の動きとして考えなければならないと思う。

この項の最後に述べられている久喜浜地区の葬儀の実際も、靴を履かずに白足袋で参列するとか、昔は喪服は白だったので、その名残で白い布を女性の肩にかけるなど、いろいろ驚くようなことがある。佐々木氏はそれらを「恥ずかしいとか面倒だ、とかで消してはならない伝統文化としての価値を、地域の方々にも認識してほしい」と控えめに主張されている。

第三章　岩手の民俗芸能から

岩手県は恐らく日本一の民俗芸能大国であろう。神楽・鹿踊り・念仏踊など数多くの芸能が伝えられ、小中学校や高校でも多くの学校でとり上げ、教えている。

ここでは鹿踊りの基本的な形・県南の太鼓踊り系と県北の幕踊り系をわかり易く整理して説明している。岩手の鹿踊りというと、普通は背中に真白の長いささらをつけ、腰につけたかなり大きな太鼓をとどろかせて、ダイナミックに踊る鹿踊りを思い浮かべられるだろう。それが太鼓踊り系といわれる鹿踊りである。

幕踊り系は、鹿頭をつけた人は太鼓もささらもつけず、鹿頭から体の前面に広い布をつける。その布がここでいう幕で、それを大きく動かしながら舞う形である。鹿頭の背には、木を鉋で薄くけずったものを束にしてつける。これをカンナガラというが、他の所でいうケズリカケのようなものである。これを紙で作るところもある。

森口多里著『岩手県民俗芸能誌』（錦正社　昭和四十六年）には両系合わせて数十例の鹿踊りが紹介されている。しかし佐々木氏は自分が実際に見た太鼓踊り系鹿踊りの珍しい供養の儀式や、鹿踊りと剣舞を早変りで演じる菅窪鹿踊り・剣舞の例などを紹介している。

多賀神楽江戸舞はこの県に多くある神楽とは違って、盛岡藩の利敬が文化三（一八〇六）年に多賀神楽の人々を江戸に派遣してわざわざ習わせたものである。恐らく藩主の趣味としては、山伏神楽のようなダイナミックな神楽よりも洗練された江戸風の神楽を望んだのだろう。利敬の次の次の藩主利済は、弘化二（一八四五）年に長唄の「秋色種《あきのいろくさ》」を作詞しており、盛岡藩の藩主の家では文化的な雰囲気があったのだろうと想像できる。

この神楽についても佐々木氏は盛岡市の劇団「詩人部落」が再興したものではあるが、実際に見たものを報告している。

第四章　昭和から現代へ

平成十年度と十二年度に岩手県の小中学校でどの程度郷土芸能を学んでいるか、アンケート調査をした結果について述べている。郷土芸能を取り上げている学校が減っていると述べられているが、それでも他県に比べればりっぱな数である。中でも私が注目したのは、盛岡市の乙部中学校の例で、学区域内に六地区があるらしく、そのそれぞれの地区の郷土芸能を学ばせているのである。小中学校の統合が進んでいて、その地区別の芸能をどうするか、それが学校で郷土芸能を取り上げる場合の悩みになっているからである。

最後の項では津波の歌とそれをめぐる津波の体験談も紹介されている。二〇一一年の東日本大震災の後だけに、一九二八年三月三日の大津波の話は身にしみるものがある。


この本を読み終って、あくまで自分の暮らす地元の生活を深くみつめ、それを調査研究の拠って立つところとして、実際に自ら足を運んで調査する佐々木氏の調査研究に学ぶところが多かった。

この本は岩手県を始め、東北、いや全国の研究者のお役に立つだろうと思っている。

この本の出版を快く引き受けて下さった錦正社の中藤政文会長と校正を手伝ってくださった大貫紀子さんに感謝します。

おわりに

私の地域宝物探しは昭和三十年一月の民謡・わらべうた調査から始まった。まだ、録音機が買えない時代でもっぱら取材ノートに書いた。

そこでは、小さな奥まった集落ほど歌や踊りの名手がおり、「峠の下に文化がある」と実感した。反面、時代の流れと共に変化していく実態も見えてきた。

録音・録画の機器を使えるようになってからは映像記録に力をいれた。そこでは「百聞は一見にしかず」を実感したが反面、日常の生活である芸能行事を物珍しげに撮影されることに拒否反応があったり、聞き取り調査がうまくいかないこともあった。

また、民俗関係行事にはハプニングが多くて、予定時間が数時間延長されてバッテリー切れがおこったりする。反面、取材で宿泊していた宿が今晩巡業神楽宿になると聞いて絶好のチャンスに巡り合う事もある。夜神楽の会場には地域の人々が、二年に一度の神楽に、祝いのオヒネリを用意して集まるのを見て「民俗芸能は地域の人々の生活と密着して存在している」と強く感じた。

内容的には鹿踊りの内、太鼓踊り系の鹿踊りには触れなかったが、小学生が「口唱歌《くちしょうが》」で、イチ・ニイ・サン・シイでなく「サン・チキ・シッコ」と唱えながら学ぶ姿に「民俗音楽と楽譜」のことを考えたが、別の機会にまわすことにする。

今回ご指導ご鞭撻いただいた小島美子先生に心から感謝申し上げます。

また、上梓にあたってご協力いただいた錦正社の中藤政文氏に対して御礼を申し上げます。

平成二十八年一月

佐々木　正太郎

著者略歴

佐々木《ささき》正太郎《しょうたろう》

昭和6年1月2日生まれ。岩手県久慈市出身
出身学校　岩手大学　学芸学部甲一類　音楽科卒業
略歴　昭和28年～昭和34年3月久慈市長内小長内中学校教諭（6年）《久慈地域の民謡・わらべうた採集》
昭和34年4月～48年3月盛岡市厨川小・上田中学校教諭（15年）《「日本の音楽」の指導と評価について研究》
昭和49年4月～63年3月岩手県教育委員会指導主事・教育事務所長（15年）《地域の伝承音楽の教材化》について調査・研究
昭和63年4月盛岡市上田中学校長～平成3年3月定年退職
平成3年4月～平成5年3月盛岡市社会教育指導員（中央公民館勤務）《盛岡市の芸能・文化について調査研究》
平成6年～平成15年ＮＨＫ東北民謡コンクール岩手県大会審査員
平成6年～平成22年　南部牛追い唄全国コンクール審査員
平成6年～平成7年　岩手大学教育学部音楽科非常勤講師《地域の伝承音楽》

著書　『岩手の校歌ものがたり』（平成12年）ツーワンライフ社、『岩手県国公立中学校校歌集』（共著）岩手県中学校長会（平成10年）、『岩手県小学校校歌集』(共著）岩手県小学校長会（平成18年）、『岩手思い出の小・中学校校歌集』（共著）岩手県小学校長会（平成18年）

〈民俗音楽・宝の山シリーズ〉岩手《いわて》の民俗《みんぞく》と民俗音楽《みんぞくおんがく》

平成二十九年一月　十九日　印刷
平成二十九年一月二十一日　発行
※定価はカバーなどに表示してあります。

著　者　佐々木正太郎
発行者　中　藤　正　道
発行所　株式会社　錦　正　社
〒一六二―〇〇四一
東京都新宿区早稲田鶴巻町五四四―六
電　話　〇三（五二六一）二八九一
ＦＡＸ　〇三（五二六一）二八九二
ＵＲＬ　http://www.kinseisha.jp/
印刷所　株式会社　文　昇　堂
製本所　株式会社　ブロケード

ISBN978-4-7646-0130-7